CE QU'ON DIT DU LIVRE

« REMPLI DE CONSEILS UTILES! »

Olivier Lambert est un entrepreneur Web que je respecte beaucoup et que je ne cesse de citer dans mes formations et conférences. Si vous désirez vous lancer vous aussi en affaires avec le Web. Son livre est rempli de conseils utiles et de réflexions à prendre et à laisser selon vos forces et façon d'apprendre. Je le recommande fortement.

- Kim Auclair

« UNE PERSPECTIVE INTELLIGENTE! »

Incontournable. Rafraîchissant. Délirant. Voilà 3 mots qui décrivent Olivier Lambert: Un expert qui offre une perspective intelligente pour quiconque qui rêve de se créer un blogue populaire qui génère du vrai trafic.

- Martin Latulippe

« ÇA M A REDONNÉ LE GOÛT D'ÉCRIRE! »

Au cours de mes 12 années d'expérience en marketing, j'ai lu, écouté et visionné beaucoup de matériel sur le blogging et j'ai toujours eu la même impression... Ta?%$#$ que ça va être de la job!

J'ai lu son livre au complet en 2 heures et j'ai éclaté de rire à plusieurs reprises, Le plus important, c'est que sa méthode est simple. Il garde l'essentiel et il s'assure de nous motiver à passer à l'action. Comme je le dis souvent... je suis jaloux de son génie et maintenant j'avoue que j'aimerais avoir sa plume :)

- Guillaume Bareil

« OLIVIER APPORTE UN ÉCLAIRAGE FRAIS »

J'essaie de prêcher le gros bon sens et une bonne dose de réalisme depuis 10 ans sur mon blogue, autant en marketing qu'en entrepreneuriat. Olivier apporte un éclairage frais, intéressant et tout en couleur dans la même ligne de pensée. Quiconque veut réussir une entreprise en ligne et qui est déterminé à y investir du temps gagnera énormément à se nourrir d'un tel ouvrage avant de se lancer.

- Stephane Guérin

« TOURNE TA PASSION EN ARGENT »

Si tu veux savoir comment faire un blogue qui ne fait pas juste ramasser de la poussière, lis ce livre. Tu apprendras les bases du blogging, mais aussi l'étape pour tourner ta passion en argent.

- Thoma Daneau

« RENTABILISER TES EFFORTS D'UNE FAÇON QUI T'AVAIT ÉCHAPPÉE JUSQU'À MAINTENANT… »

Pas de succès sans effort ! L'aventure du blogging t'appelle ? Ce livre te permettra de comprendre, d'agir et de rentabiliser tes efforts d'une façon qui t'avait échappée jusqu'à maintenant. Mais attention, prépare-toi à trimer dur, car pour Olivier Lambert, dans la vie, il n'y a pas de raccourci vers le succès.

- Frédéric Therrien

TABLE DES MATIÈRES

Comment devenir un expert dans son domaine.   1
    Le secret de la notoriété
    Créer un blogue, créer sa marque

Chapitre 1 - Comment écrire un bon article de blogue?   11
    Ce qui a réellement de la valeur aux yeux des gens...
    Créer une marque qui laisse une empreinte
    Crédibilité
    Tout ça pour dire que...

Chapitre 2 - Comment établir sa crédibilité.   36
    La projection
    Tu seras ce qu'ils veulent que tu sois
    Tout ça pour dire que...

Chapitre 3 - Comment bloguer quand on manque de temps.   42
    Deux façons d'être deux fois plus efficace!
    Les 5 principes de la productivité
    Récapitulons...

Chapitre 4 – Comment ne jamais manquer d'idées. 56
    Comment demander aux gens ce qu'ils veulent vraiment?
    Comment trouver ce que les gens posent comme question à Google?
    Comment évaluer la popularité d'un sujet?
    Alors... Comment ne jamais manquer d'idées?

Chapitre 5 – Exprimer ses idées pour convaincre. 68
    Compétitionner avec les chats
    COMMENT CONVAINCRE ET ne jamais avoir tort?
    Bref...

Chapitre 6 – Comment rendre son blogue populaire. 81
    Le piège de la popularité
    L'importance de tout donner
    Ce qu'il faut savoir pour apparaître en première page de Google
    Le plus important...

Chapitre 7 – Les façons de générer de l'argent avec un blogue. 98
    Tout débute avec l'audience...
    Comment monétiser une audience?
    Vendre avec un blogue.
    Alors... C'est quand qu'on devient riche?

Conclusion – Par où commencer? 113

INTRODUCTION

Comment devenir un expert dans son domaine.

Salut! Mon nom est Olivier Lambert et, selon ce qu'on dit, je suis un expert et une référence en marketing web au Québec.

Si tu avais été dans la même pièce que moi lorsque j'ai écrit cette phrase, tu ne m'aurais surement pas cru. Je suis incapable de dissimuler mon sourire lorsque je mets mon nom dans la même phrase qu'« expert » et « référence ».

Je suis compétent, mais je n'ai aucunement la prétention d'être le meilleur. Pourtant, je reçois souvent le titre d'expert ou d'influenceur.

Cette « image » d'expert m'a permis de donner des conférences à des groupes de maîtrise (même si je n'ai pas de maîtrise) et de parler devant des auditoires de plusieurs centaines de personnes probablement plus qualifiées que moi.

Elle m'a également permis d'être engagé pour gérer le marketing numérique de la plus grosse agence de voyages au Québec où j'ai travaillé conjointement avec le v.-p. sur le développement de l'entreprise. Un beau jour, j'ai reçu un coup de téléphone du v.-p. qui voulait me rencontrer le plus tôt possible. Dès la première rencontre, il m'a offert de travailler avec lui malgré mon très jeune âge et mon manque d'expérience. Il m'a essentiellement dit : « On a un bon budget, dis-moi ce que tu veux et je m'en occupe ». Donc, non seulement ma réputation m'a offert un poste très envié, mais elle m'a avantagé ($$$) lors des négociations d'embauche.

Depuis, plusieurs autres entreprises ont tenté de me recruter, mais ironiquement mon « image d'expert » m'a également permis de faire autre chose : quitter mon emploi, lancer mon entreprise et tripler mes revenus tout en voyageant à travers le monde.

LE SECRET DE LA NOTORIÉTÉ

Tu veux sans doute connaître le « truc » ou le « secret » qui m'a permis d'avoir toutes ces choses.

Je vais te le donner, mais je t'avertis, ça ne va pas te plaire. Pas parce que c'est complexe ou difficile, mais plutôt parce que ce n'est simplement pas la réponse que tu veux entendre. Ce n'est pas *sexy*, *flashy* ou même surprenant. Il ne s'agit pas d'une technique secrète ou d'un passe-passe de Jedi. Au contraire, il s'agit d'une stratégie si évidente que la plupart des gens préfèrent l'ignorer et poursuivre leur recherche du Saint Graal.

Voici le secret: pour être capable de m'établir en tant qu'expert, j'ai **publié** 1 000 mots par semaine.

« *Juste ça!? C'est tout?* »

Tu penses peut-être que je te cache une partie de la vérité pour essayer de te vendre du rêve, tu penses peut-être que c'est trop simple pour être vrai, que je minimise les choses.

Eh bien considère ceci : tout le monde **sait** qu'on devrait faire au moins 12 minutes d'exercice par jour. Pourtant, moins d'un Québécois sur 5 le fait[1]!

(*Ce que je trouve le plus drôle, c'est que ceux qui ont réalisé cette étude ne font probablement pas plus d'exercice que les autres!*)

Bref, voici ce que je veux dire: le succès est simple, il faut juste se donner la peine.

---

[1] olivierlambert.ca/adulte-activite

Si tu es prêt à prendre le temps de faire de courtes actions simples chaque jour, alors le succès est très certainement à portée de main!

Maintenant que tu connais le « secret », tu fais face au même problème que tout le monde dans ta situation: tu ne sais pas par où commencer. Tu te dis « *J'ai compris Oli… Mais maintenant je fais quoi? J'écris? Sur quoi? Où? Comment? Pourquoi?!?! ARRGHGHGHGH!!!* »

Ce à quoi je réponds « *Calme-toi, pis lis mon livre* ».

Parce que dans ce livre, je vais déconstruire au plus simple possible tout ce que tu dois savoir avant de commencer à t'exécuter et tout ce que tu dois savoir pour t'établir en tant qu'expert.

CRÉER UN BLOGUE, CRÉER SA MARQUE

Comme tu l'as sans doute deviné, ma méthode implique la création d'un blogue (si ce n'est pas déjà fait).

Tu te dis peut-être : « *Meh, un blogue, c'est pas fait pour les enfants? Personne ne lit ça de nos jours!* ». Si c'est le cas, j'aimerais que tu prennes ta main droite, que tu la lèves doucement en l'air jusqu'à ce qu'elle atteigne approximativement la hauteur de ton nez et que tu te donnes une bonne baffe en plein visage.

Nous ne sommes plus en 1990, les blogues dominent le web et il n'y a jamais eu de meilleur moment pour commencer à bloguer que maintenant.

Je dis ça pour deux raisons :

1. Créer son site n'a jamais été aussi facile. N'importe qui peut en faire un en moins de 60 minutes.
2. Au Québec, peu de gens se démarrent un blogue francophone, la plupart font l'erreur de se partir en anglais pour courir après une tarte plus grosse, ce qui laisse le marché québécois relativement simple à conquérir.

Ceci étant dit, un blogue ne va pas te garantir le statut d'expert. Pour être capable de s'établir en tant qu'expert, il faut bloguer d'une façon spécifique. Heureusement pour toi, tu n'auras pas besoin de passer des années à deviner quoi faire puisque je vais t'expliquer tout ça dans le premier chapitre de ce livre.

Tu vas y apprendre le principal phénomène psychologique qui amène les gens à mettre les autres sur un piédestal. C'est un peu *evil*, mais je vais te montrer comment exploiter ce phénomène pour bâtir ta crédibilité.

Mais avant, je vais déconstruire ce qui fait qu'un article de blogue est bon ou pas et je vais expliquer comment offrir de la valeur à tes lecteurs pour qu'ils en redemandent.

Comme j'ai mentionné, savoir **quoi** faire n'est pas assez. Il faut passer à l'action. Malheureusement, passer à l'action veut dire qu'on doit investir temps et motivation.

Puisque je veux que ce livre t'apporte des résultats, je dois t'expliquer comment minimiser le temps que ça va te prendre pour alimenter ton blogue et t'expliquer comment créer une routine qui va t'assurer d'être constant.

C'est pourquoi je dédie un chapitre complet aux différents principes de productivité et de motivation qu'il faut connaître avant de se lancer.

Ensuite, je vais te parler de l'erreur de loin la plus commune chez les gens qui débutent, c'est-à-dire bloguer sur les mauvais sujets. Je vais donc te proposer une technique qui va te permettre de TOUJOURS savoir sur quoi écrire. Cette technique va t'assurer de ne jamais manquer de sujets et de viser dans le mille à chaque fois.

Par la suite, je vais parler d'une peur très fréquente lorsqu'on commence un blogue : **la peur de l'indifférence.**

Quel gâchis ce serait d'investir autant d'efforts pour être reçu par un auditoire vide, sans personne pour apprécier l'œuvre que tu viens de créer.

On ne se contera pas de menteries, c'est le sort qui guette 90 % des blogues.

C'est pour ça que je vais t'apprendre quelques techniques qui vont te permettre d'écrire des textes **convaincants** qui vont agripper l'attention des visiteurs du début jusqu'à la fin.

Rendu à ce point, tu vas savoir comment écrire des articles **captivants** qui traitent des bons <u>sujets</u> pour les bonnes <u>personnes</u>. Mais pour devenir un expert dans ton domaine, il va te falloir du trafic… Beaucoup, **beaucoup** de trafic!

Je vais donc t'expliquer exactement tout ce que tu dois savoir pour être lu par 10 000 personnes par mois sur le web.

10 000, ça paraît beaucoup lorsqu'on débute, mais je t'assure que c'est vraiment plus facile que tu penses (lorsqu'on sait comment faire).

Tu te dis sans doute que si c'est « facile », alors pourquoi est-ce que je viens de dire que 90 % des sites n'ont pas d'audience? Encore une fois, ce n'est qu'une question **<u>d'exécution</u>**!

À travers le temps, j'ai amassé une vingtaine d'accès Google Analytics en travaillant avec des clients. Si tu te *loggais* dans mon portail, tu pourrais voir que la plupart des sites ont moins de 1 000 visites par mois, que quelques-uns ont entre 1 000 et 4 000 visites, et qu'UN SEUL génère plus de 10 000 visites.

Je trouve ça triste parce que j'ai donné les mêmes conseils à tous ces entrepreneurs et qu'un seul d'entre eux a décidé d'AGIR et d'employer ma stratégie.

Elle n'est pas *sexy*, mais elle marche (comme le sirop Buckley)!

Si tu es prêt à faire comme cet entrepreneur, te boucher le nez et prendre ton sirop, toi aussi tu pourras créer un blogue qui va attirer 10, 20, 30, 40, voir 50 000 visites par mois.

Et finalement, une fois qu'on a tout ça, c'est le temps de faire… Roulement de tambour… Du *cash*!

Si tu possèdes une entreprise de services, ton blogue va bien sûr t'aider à générer des *leads* (en fait, les entreprises ayant un blogue génèrent 67 % plus de leads) et si tu as une boutique en ligne, alors ton blogue va t'aider à ressortir dans les résultats de recherche (les sites ayant un blogue génèrent 97 % plus d'hyperliens).

Mais ce n'est pas tout, il existe encore plein de façons de monétiser son blogue. On peut, par exemple, vendre des produits numériques (comme un e-book), afficher de la publicité ou encore faire de l'affiliation!

Avant de démarrer mon entreprise de formation[2], mon blogue me rapportait passivement entre 500 et 1 000 $ chaque mois. Ce

---

[2] olivierlambert.ca/formation

n'est pas beaucoup, mais générer des revenus passifs n'a jamais été mon objectif, ce n'était que la cerise sur le *sundae*. Un petit extra pour payer mon scotch à la fin du mois.

Je vais donc t'expliquer les principales façons de générer des revenus sur le web. Que ce soit ton objectif principal ou juste un à côté agréable, tu vas en avoir pour ton argent!

Bref, quand tu vas avoir fini de passer à travers le livre, tu vas sans doute être hyper motivé et prêt à sauter dans le tas comme Popeye ayant englouti une canne d'épinards.

Tu trouveras une liste d'instructions pour débuter dans la conclusion. Je vais te pointer dans la bonne direction concernant l'hébergement, la plateforme et les autres détails techniques.

Bon, ça finit le *niaisage*. J'espère que tu es prêt parce que les prochaines pages vont être assez denses. Je n'ai pas l'habitude de passer par quatre chemins et je dis les choses telles quelles.

Si jamais tu as des questions en cours de route, ne te gêne pas pour me les envoyer par courriel au hello@olivierlambert.ca. Pour donner ce livre à un ami, s'il te plaît, envoie-le sur cette page : olivierlambert.ca/confessions

Un drôle de principe de vente veut que, plus tu décris avec détails les problèmes de quelqu'un, plus cette personne va avoir la conviction que tu possèdes également la solution.

CHAPITRE 1
Comment écrire un bon article de blogue?

La première règle si tu veux t'établir en tant qu'expert avec un blogue est celle-ci : il faut que tes articles soient bons. (D'uh!)

Aucune technique, tactique ou stratégie démoniaque ne va te permettre de convaincre les masses de tes compétences si tu n'es pas capable de rédiger un « bon » article.

La question qu'on doit se poser est donc : « Qu'est-ce qui fait qu'un article est bon? »

Contrairement à ce que plusieurs pensent, la qualité d'un article n'est pas décidée par la syntaxe des phrases, l'usage d'un français impeccable ou encore la structure du texte. Non, la qualité d'un article est déterminée par trois facteurs : la valeur ajoutée, la force de l'empreinte et la crédibilité.

Un très bon article de blogue pourrait très bien recevoir un « F » dans un cours de rédaction. L'idée n'est pas de rédiger un essai académique, mais bien d'établir une discussion avec un lecteur dans un but précis.

Et pour ça, on va commencer par s'intéresser à ce que ça veut vraiment dire offrir de la « valeur ».

CE QUI A RÉELLEMENT DE LA VALEUR AUX YEUX DES GENS...

On peut définir l'expression « valeur ajoutée » de plusieurs façons. À la base, l'expression réfère à la valeur économique ajoutée par une entreprise. On calcule donc le tout avec un signe de dollar.

Pour rendre le concept **utile** dans le contexte d'un blogue, il faut en élargir un peu sa définition.

Il faut commencer par considérer la « valeur » à partir du point de vue du lecteur et non du rédacteur. On tourne donc la table de bord — au lieu de se demander « combien d'argent cet article m'a apporté? », on se demande « à quel point est-ce que j'ai apprécié cet article? ».

Malheureusement, le degré d'appréciation n'est pas quelque chose de très concret, c'est pourquoi il faut aller une étape plus loin et considérer la « valeur » en tant que <u>charge émotionnelle</u>.

À moins d'être masochiste, notre objectif est de maximiser nos émotions positives et minimiser nos émotions négatives.

Donc, tout ce qui nous apporte de la valeur nous ajoute des émotions positives et tout ce qui « coûte » de la valeur nous apporte des émotions négatives.

Assez simple comme modèle, non?

Pas tant que ça, parce qu'avec une définition comme ça, c'est facile de penser que la colère ou la peur enlèvent de la valeur, mais ce n'est pas exactement vrai... Sinon personne n'écouterait les nouvelles ou les films d'horreur.

Dans ce modèle, les émotions positives sont des émotions qui stimulent (comme la joie, la frustration et la peur) et les émotions négatives sont des émotions qui inhibent (comme la honte, l'ennui, les regrets et le doute de soi).

Ça veut donc dire que si le texte qu'on écrit est ennuyeux, inutilement complexe ou pessimiste, alors il impose inutilement une charge émotionnelle négative au lecteur. Et ça, on n'en veut pas!

Même si tes idées sont bonnes, ce n'est qu'une partie de l'équation. Un texte absolument brillant peut facilement être gâché par une rédaction répétitive, incompréhensible ou simplement ennuyante.

Pour être capable de stimuler le lecteur (dans le contexte d'un blogue), il faut générer ces 4 émotions : la surprise, l'anticipation, le divertissement et la clarté.

LA SURPRISE

Ce n'est pas pour rien que plein de blogues utilisent des titres comme « la vérité **surprenante** sur… », « vous ne **croirez pas** ce que… », « 4 utilisations **étonnantes** de… »

Les gens **aiment** se faire surprendre et la surprise est un des outils de base d'un bon humoriste. Elle nous force à sortir du pilote automatique et nous oblige à porter attention à ce qui se passe.

Il existe plusieurs façons de surprendre les lecteurs. La plus facile est de présenter des informations contradictoires au sens commun.

Considère les exemples suivants…

- Pour faire en sorte que quelqu'un t'apprécie, arrange-toi pour qu'il te fasse des faveurs et non le contraire! (principe de dissonance cognitive)
- Si tu participes au 6/49 chaque semaine, tu as autant de chance de gagner en choisissant toujours la même combinaison de 6 fois le chiffre 01 qu'en prenant une combinaison aléatoire chaque fois.
- Les gens qui vivent à la campagne polluent beaucoup plus que les gens qui vivent dans les villes.
- Tu as plus de jambes que la moyenne de la population. (Désolé si je me trompe!)

As-tu remarqué comme chaque affirmation t'a légèrement surpris? Tu as probablement dû t'arrêter à chaque fois pour essayer de les rationaliser.

Pour surprendre ton lecteur, tu peux simplement écrire ton article de façon à mener ton lecteur à tirer une conclusion « X », et le surprendre à la dernière seconde en lui proposant la conclusion « Y ».

Par exemple, lorsque je parle de marketing par courriel, je donne souvent l'exemple de l'entreprise House of Rave.

Ils avaient comme habitude d'envoyer l'infolettre A[3], mais pour faire un test, ils ont un jour décidé d'envoyer l'infolettre B[4].

---

[3] olivierlambert.ca/infolettre-a

On voit tout de suite que l'infolettre A est beaucoup plus élaborée, moins longue et plus plaisante à l'œil. L'infolettre B n'est qu'un gros paquet de texte sans image, on ne peut pas dire qu'il s'agit d'un exemple flamboyant de marketing de marque! D'ailleurs, selon Hubspot[5], 65 % des gens préfèrent les infolettres qui contiennent principalement des images!

Alors, selon toi, laquelle des deux infolettres a généré le plus de profits?

L'infolettre B!

Yep! L'infolettre A n'a rien donné du tout alors que l'infolettre B a généré 120 ventes en deux heures!

Dans cet exemple, j'influence le lecteur à choisir la mauvaise réponse pour le surprendre. Je peux ensuite utiliser l'attention générée par l'effet de surprise pour lui expliquer pourquoi les infolettres textuelles convertissent mieux que les infolettres visuelles.

Tout ça pour dire que les gens aiment se faire surprendre, alors essaie d'intégrer un effet de surprise (ou de nouveauté) à ton contenu.

---

[4] olivierlambert.ca/infolettre-b
[5] hubspot.com/marketing-statistics

L'ANTICIPATION

Je ne sais pas si tu as déjà entendu parler de la dopamine, mais il s'agit d'un neurotransmetteur qui a longtemps été associé à tort avec le plaisir. En fait, lorsqu'on reçoit une *shot* de dopamine dans le cerveau on ne ressent pas le bonheur, mais bien l'anticipation (la promesse d'une récompense).

Les scientifiques se sont longtemps trompés au sujet de la dopamine parce que l'effet peut effectivement porter à confusion.

Si ça t'est déjà arrivé de jouer à un jeu vidéo à progression lente (comme Farmville, les Sims ou World of Warcraft) et de te « réveiller » trois heures plus tard en réalisant que tu n'as pas vraiment eu de plaisir, mais que tu n'étais quand même pas capable d'arrêter, alors tu connais très bien l'effet de la dopamine.

En fait, les premières études sur la dopamine ont été réalisées sur des souris. Dans une d'entre elles, les souris recevaient une *shot* de dopamine chaque fois qu'elles activaient un levier. Les souris se sont mises à appuyer frénétiquement sur le levier sans relâche... jusqu'à ce qu'elles meurent de faim!

Tu te dis sans doute que des souris, c'est un peu con. Mais considère l'histoire de Zhang[6], un jeune homme de 27 ans qui est mort après avoir passé 7 jours consécutifs sur World of Warcraft!

La dopamine, c'est fort... Très, très fort!

L'anticipation est l'une des émotions les plus puissantes, car c'est elle qui crée les habitudes (et les dépendances). Malheureusement pour nous, ce n'est pas parce qu'on ressent la promesse d'une récompense que cette dernière existe réellement!

Bref, comment fait-on pour donner la même sensation à nos lecteurs qu'une partie de Sims?

C'est simple, on aide le lecteur à **visualiser**.

L'idée est de décrire une situation désirable à ton lecteur. Dans l'intro de ce livre, j'ai tenté de te faire visualiser en parlant des conséquences de la notoriété sur ma propre vie. Idéalement, tu as tenté d'appliquer chaque affirmation à ta propre situation.

Lors de la rédaction d'un article, tu veux utiliser cette technique tout juste après avoir donné un truc concret ou une statistique.

Par exemple, je peux te dire que le temps de chargement d'un site web a un impact considérable sur sa position dans les résultats de recherche. Ça veut donc dire que plus un site est lent, moins il attire de trafic.

---

[6] olivierlambert.ca/man-dies

Pour être capable de créer de l'anticipation, on doit ensuite mettre le lecteur dans une position où il peut visualiser l'impact de cette information dans sa vie.

Dans mon cas, je pourrais donner une étude de cas où une personne a augmenté son trafic de 10 ou 20 % en augmentant la rapidité de son site web.

Ensuite, je pourrais donner l'outil de Google[7] qui permet d'analyser gratuitement la vitesse de son site et de se faire proposer une liste d'améliorations en quelques secondes.

La morale de l'histoire, c'est que c'est facile de créer de l'anticipation lorsqu'on offre des infos que la personne peut utiliser pour créer un changement dans sa vie. Cette anticipation est renforcée lorsqu'on donne des études de cas. C'est entre autres pour cette raison que les témoignages sont si performants sur une page de vente!

Si tu fais ça, alors tes lecteurs vont revenir sur ton site web d'une façon compulsive et vont partager ton contenu avec tout leur réseau! Imagine l'impact que cette stratégie peut avoir sur ta notoriété... (Tu vois ce que je viens de faire?)

---

[7] developers.google.com

LE DIVERTISSEMENT

L'humour permet d'ajouter de la valeur à presque n'importe quel type de contenu. Bien sûr, le danger avec l'humour, c'est de manquer son coup!

Si tu n'es pas un humoriste né, ne t'inquiète pas, c'est quelque chose qui s'apprend.

En fait, il existe une longue liste de raisons pour lesquelles on rit. Ça peut être à cause d'un jeu de mots, d'une comparaison farfelue, de quelque chose d'inattendu, de quelque chose d'attendu, d'un sous-entendu, d'un sarcasme, d'un malentendu...

Bref, si tu veux apprendre à être plus drôle, je te recommande fortement le livre « Comedy Writing Secrets[8] », c'est pas mal un classique de l'humour.

Il va t'expliquer en détail chaque principe de la création d'une blague de sorte que tu vas être capable d'ajouter une touche d'humour dans tout ce que tu fais!

Et lorsque je dis « humour », je ne parle pas de faire exploser la rate de tes lecteurs à chaque article. Je parle plutôt d'ajouter de petites touches pour ajouter de la couleur à tes textes.

---

[8] olivierlambert.ca/a/comedy-writing-secrets

Personnellement, j'aime bien parsemer mes textes d'images hors contexte, de comparaisons farfelues et d'exagérations. Voici quelques exemples tirés de mon article intitulé « Comment devenir riche et dominer le monde ».

> *Tu t'es fait servir un mensonge. Le mensonge que si tu te prives assez longtemps – si tu cesses d'aller au restaurant, de payer des bières à 8 $ et des cafés à 5 $ – un jour tu vas pouvoir vivre comme un gangster russe sur un Yatch en plein milieu du pacifique.*

…

> *[à propos des défaites qu'on se donne] C'est ça... Retourne écouter Vol 920 en mangeant des cheetos et en buvant du vin!*

…

> *La façon dont on investit ses ressources fait la différence entre finir gérant d'un Mc Donald's à 65 ans et passer sa retraite dans un château à Versailles.*

C'est définitivement un de mes articles les plus colorés[9].

Bien sûr, on a tous son style de rédaction. Il va falloir que tu trouves un style qui te plaît et que ton audience apprécie.

Voici un autre exemple de blogue[10] très particulier qui utilise l'humour pour ajouter de la valeur à la substance des articles.

LA CLARTÉ

Les choses sont si complexes qu'un article capable d'apporter de la clarté va connaître beaucoup de succès.

Tu sais, la sensation qu'on a lorsqu'on fait « AH HA!!! Je comprends maintenant! »

Eh bien si tu es capable de susciter cette sensation chez ton lecteur, tu peux être certain qu'il va recommander l'article à tous ses amis!

Mais la question qu'on doit se poser est : « d'où provient cette sensation? »

---

[9] olivierlambert.ca/devenir-riche-et-dominer-le-monde
[10] guillaumericardtattoo.com/blogue/etiquette-du-tatouage

D'instinct, je dirais que la meilleure façon d'apporter cette sensation est de dépeindre un portrait détaillé des enjeux. Cependant, notre instinct n'est pas notre allié le plus fiable lorsqu'on parle de psychologie.

En fait, il nous truque à croire qu'on en sait plus qu'on en sait réellement.

Considère les énoncés suivants :

- Je t'explique 8 arguments « pour » et 8 arguments « contre » à propos d'une problématique.
- Je t'explique uniquement 8 arguments « pour ».
- Je t'explique 4 arguments « pour ».

Dans lequel de ces scénarios crois-tu que tu **sentiras** comprendre mieux la situation?

Eh bien ça risque de te surprendre, mais les études ont démontré que moins je t'en dis sur un sujet donné, plus tu vas croire que tu comprends bien les enjeux, et plus je t'en dis, plus tu te sens incompétent face au même problème.

Il s'agit d'un cas typique de « *less is more* ».

Pourquoi? Eh bien chaque argument ou élément que j'ajoute à un problème augmente l'effort cognitif. Plus tu réfléchis fort, moins tu as **l'impression** de comprendre.

C'est de là que l'expression « *plus on apprend, plus on réalise qu'on ne sait rien* » tient ses racines!

Pour plus d'infos sur ce phénomène, je te recommande fortement le livre « Thinking Fast and Slow[11] ».

C'est important de comprendre que ta job en tant que blogueur est de donner aux gens « l'impression » de comprendre, et pour ça, tu dois simplifier l'information que tu donnes et présenter des modèles qui sont faciles à comprendre et mémoriser.

Ça peut paraitre mal de faire ça, mais fais-moi confiance, rédiger du contenu complexe ne rend service à personne.

Pour simplifier ton contenu, tu peux utiliser des dessins, des acronymes, des analogies ou simplement éliminer le jargon.

Pour te donner un exemple, je suis en train de te dire qu'il n'y a que 4 émotions à évoquer pour être capable de faire un bon article de blogue. La vérité est qu'il existe une multitude de variétés d'émotions ayant le potentiel d'offrir de la valeur à tes lecteurs. Mais si je te fais une grosse liste, tu vas avoir l'impression d'être perdu!

Je veux que tu passes à **l'action**, c'est pourquoi je t'en dis le minimum possible (sans rendre le tout complètement con) dans

---

[11] olivierlambert.ca/a/thinking-fast-slow

l'espoir que tu aies assez confiance en toi pour écrire d'excellents articles de blogues!

DERNIER MOT SUR LA VALEUR AJOUTÉE

Tu peux apporter de la valeur à tes lecteurs d'une multitude de façons. On vient d'en voir 4, c'est-à-dire...

- Surprendre les gens avec des informations contre-intuitives.
- Créer de l'anticipation en faisant miroiter les bénéfices de tes trucs à ton lecteur.
- Ajouter une touche d'humour.
- Simplifier l'information pour donner l'illusion de clarté.

Ça fait le tour du premier facteur qui détermine l'efficacité d'un article de blogue. Dans les prochaines pages, je vais te parler de l'empreinte et de la crédibilité de tes articles.

CRÉER UNE MARQUE QUI LAISSE UNE EMPREINTE

Un article a beau être excellent, s'il est générique il est inutile.

Pour être capable d'établir sa notoriété en tant que blogueur, il est impératif que ton article laisse une empreinte mnémonique (un mot *fancy* pour dire que le lecteur va se rappeler de toi).

J'aime bien utiliser l'expression « empreinte » parce que ça me fait penser aux oreillers à mousse mémoire. Lorsque tu pèses dessus avec ton doigt, tu vois que l'oreiller garde l'empreinte de ton doigt pendant quelques secondes. Plus tu pèses fort, plus l'empreinte reste longtemps.

Eh bien lorsqu'une personne tombe sur ton site ou lis un de tes articles, tu fais une empreinte dans sa mousse mémoire mentale.

Par définition, un article qui apporte beaucoup de valeur va générer une empreinte forte. La force de nos souvenirs est associée à la force de l'émotion qui s'y rattache.

Alors si tu fais juste écrire des articles agréables à lire où tu démontres ta personnalité, tu ne devrais pas avoir de problème à laisser une empreinte sur tes lecteurs.

Cependant, les gens ont tellement une vision stupide de ce que représente « une bonne image de marque » que je me sens un peu obligé de défaire quelques mythes...

Ces mythes concernent principalement le « look and feel » du blogue et pas nécessairement l'article en tant que tel, mais je veux te faire réaliser l'importance du contenu en démystifiant certains trucs...

MYTHE #1 : TON BLOGUE A BESOIN D'UN NOM COMPLIQUÉ.

Je te recommande fortement de bâtir ton blogue sur ton nom personnel. Toutes les marques de luxe portent le nom d'un individu. Et si jamais tu ressens le besoin d'avoir une marque plus tard (pour inclure d'autres gens dans ton projet), tu pourras te servir de l'équité de ta marque personnelle pour infuser ta nouvelle marque de la crédibilité de ton nom.

J'ignore pourquoi tout le monde veut un nom d'entreprise en partant, mais ce n'est pas important. Ne perds pas ton temps avec ça!

En plus, après un certain temps tu vas vouloir changer de nom parce que, pour une raison que j'ignore, il ne sonnera pas aussi bien après deux ans. Au moins, quand tu prends ton propre nom, tu es certain de le garder encore pour un bout (j'espère!)

Bien sûr, si tu as déjà une entreprise avec plusieurs employés, ce conseil ne s'applique peut-être pas.

Mais tsay, Stephane Guerin[12] a bâti sa notoriété avec un blogue personnel tout en étant PDG d'une business de plusieurs millions!

---

[12] stephguerin.com

MYTHE #2 : IL FAUT INVESTIR DANS UN LOGO *FANCY*.

Si tu as un nom, ça te prend un logo *right*?

Nope! Pas besoin de logo non plus. Et si tu fais à ta tête et que tu en fais un quand même, ça va faire comme avec ton nom. Tu vas l'aimer pendant 1 an et après tu vas vouloir le changer. Ne me demande pas pourquoi, c'est comme ça!

Honnêtement, les gens se foutent un peu de ton logo. Je n'en ai jamais eu et je n'en veux pas. De plus, si tu fais comme je te conseille et que tu prends ton nom personnel pour établir ta marque, alors un logo ne fait pas tant de sens que ça...

Fais juste marquer ton nom en grosses lettres et mets ta face à côté. Crois-moi, tu vas laisser une bien meilleure impression que si tu essaies de truquer le visiteur à croire que tu es plus gros que ce que tu es.

Mais bon, si tu as déjà une entreprise et un logo, alors ce conseil ne s'applique peut-être pas non plus...

MYTHE #3 : L'IMPORTANCE D'UN SLOGAN

C'est fou comme les PME veulent toutes avoir un slogan d'entreprise « inspirant » à la Apple.

Google, Coca-Cola et Apple sont tous des entreprises énormes et les règles ne sont pas les mêmes pour eux que pour toi.

Quand tu es petit, ton slogan doit être **descriptif**.

Le slogan de mon portail de cours n'est pas « Change le monde », mais bien « cours en ligne pour entrepreneurs & marketeurs qui désirent une formation honnête, complète, et axée sur les résultats. »

L'objectif est que les gens comprennent rapidement ce que tu as à offrir et pourquoi ils devraient s'en préoccuper.

Si tu veux une bonne formule, tu peux simplement dire « Salut, moi c'est John! » en gros et écrire ta mission en deux phrases en dessous. Si tu mets une photo de toi à côté, tu es en business pour créer une marque mémorable!

Et si tu as déjà un slogan, mets-toi dans la peau de quelqu'un qui n'a jamais entendu parler de ton entreprise et essaie de deviner qu'est-ce que l'entreprise fait. Les chances sont que tu pourrais offrir un tout autre service et que le même slogan pourrait s'appliquer. Si c'est le cas, considère changer.

Reste concret et descriptif.

MYTHE #4 : L'IMPORTANCE DU DESIGN.

Quand je travaillais chez Voyages à Rabais, j'avais honte un peu parce que leur site web était affreux. Mais veux-tu savoir quoi? Il vendait mieux qu'un McDonald's dans un Wal-Mart!

Derek Halpern du blogue SocialTriggers.com n'a pas fait *designer* son blogue par des professionnels avant d'atteindre 200 000 abonnés et plusieurs millions en revenus!

Oui, un beau blogue aide, mais moins que tu penses.

Si j'étais toi, je prendrais juste un beau thème WordPress facile à apprendre (comme Divi[13]) et je ferais quelque chose d'ultra simple.

David Grégoire[14] et Frédéric Therrien[15] sont deux exemples de beaux blogues minimalistes.

L'important quand tu commences est de rédiger des articles, pas de passer des heures à *tweaker* ton site web.

---

[13] olivierlambert.ca/elegantthemes
[14] david.gregoire.us
[15] frederictherrien.ca

L'IMAGE DE MARQUE EN BREF.

Une image de marque n'est pas un logo ou un slogan, c'est l'empreinte que tu vas laisser sur tes visiteurs une fois qu'ils entrent en contact avec ton contenu.

Ton objectif est donc de te distinguer le plus possible et d'apporter le plus de valeur possible à chaque article.

CRÉDIBILITÉ

Si tu veux être vu comme un expert, il faut que tu sois crédible.

Normalement, si ton contenu offre beaucoup de valeur, tu vas instantanément devenir crédible aux yeux de tes lecteurs à cause du *Halo Effect*[16]. Cependant, si la personne n'est pas complètement convaincue, quelques indicateurs de crédibilité peuvent être assez pour faire basculer la balance en ta faveur.

Bien qu'un beau site web aide à ta crédibilité, c'est loin d'être le déterminant principal!

Si tu veux être crédible, il faut afficher des indicateurs de preuve sociale.

---

[16] fr.wikipedia.org/wiki/Effet_de_halo

L'idée est d'afficher quelque chose qui va permettre au visiteur de te faire confiance. Ça peut être aussi niaiseux que d'inscrire ses sources au bas de ses articles!

Voici une liste d'indicateurs de preuve sociale que tu peux utiliser sur ton blogue :

- Lorsque tu en as beaucoup, tu peux afficher ton nombre d'abonnés, visiteurs, *fans* Facebook, *followers* Facebook, nombre de partages, etc.
- Si tu as gagné un prix spécial, tu peux l'afficher dans ta *sidebar*.
- Tu peux mettre des témoignages de clients, de collègues ou des endossements de gens bien connus dans le milieu.
- Si tu es apparu dans les médias, tu peux ajouter les logos de ceux qui ont fait ta couverture.

Ceci étant dit, je crois que l'indicateur le plus important que tu peux offrir aux gens est de rédiger des articles de fond. Si tu te tiens loin des articles bidons à 500 mots et que tu te concentres sur les « vrais » articles de 1 500 mots et plus, la longueur du contenu va immédiatement donner une impression de « wow, il doit savoir de quoi il parle ».

Un drôle de principe de vente veut que, plus tu décris avec détails les problèmes de quelqu'un, plus cette personne aura la conviction que tu possèdes également la solution.

Mais je sais ce que tu te dis… De nos jours, les gens n'ont pas le temps de lire.

Laisse-moi te répondre simplement. Il y a je ne sais combien de millions de gens qui ont lu tous les foutus livres d'Harry Potter et qui en redemandent encore. J'ignore si tu le sais, mais en tout ces livres totalisent 1,084,170 mots.

La morale de l'histoire est : la longueur n'est pas un obstacle à la valeur.

TOUT ÇA POUR DIRE QUE…

Si j'ai passé beaucoup plus de temps sur la valeur ajoutée que sur les deux autres points, c'est parce que si ton contenu offre beaucoup de valeur, le reste se fait tout seul.

Et pour être capable d'offrir de la valeur, il faut se mettre à la place de ton lecteur et tenter de lui offrir la meilleure expérience de lecture possible.

Si tu fais ça, alors tu vas laisser une empreinte sur ton lecteur et le Halo Effect et le *Confirmation Bias* vont faire en sorte que non seulement le lecteur va te croire compétent dans ton domaine, mais il va également te mettre sur un piédestal et t'attribuer des qualités que tu n'as même pas.

Tu ne connais pas ces deux termes? Ce n'est pas grave, le prochain chapitre de ce livre est justement dédié à étudier **pourquoi** un blogue qui offre beaucoup de valeur te permet de t'établir en tant qu'expert rapidement!

CHAPITRE 2
Comment établir sa crédibilité en tant que blogueur

Jusqu'à maintenant, j'ai passé pas mal de temps à défendre l'idée qu'apporter de la valeur aux gens à travers un blogue est la meilleure façon de s'établir en tant qu'expert. Cependant, je n'ai pas encore expliqué pourquoi!

Sur quoi je vais te poser la question suivante : es-tu prêt à dire que tu écoutes de la très bonne musique?

Bien sûr que oui! Sinon tu ne l'écouterais pas. Et si je te demande si la musique que tu écoutes est la meilleure du monde, tu seras sans doute trop gêné de m'admettre que oui, mais je suis pas mal certain que c'est le cas. Après tout, si tu avais trouvé meilleur ailleurs, tu écouterais autre chose!

Dans le monde des jeux vidéo, il existe une sous-catégorie très populaire qui s'appelle MOBA. Dans cette sous-catégorie, 3 jeux s'affrontent pour les parts de marché : League of Legends, Dota et Heroes of the Storm. La grande majorité des joueurs de MOBA ne jouent qu'à un seul de ces titres, et lorsqu'on demande l'avis d'un joueur typique, il va affirmer avec conviction que le jeu qu'il a choisi est le meilleur et que les autres sont de loin inférieurs.

Il s'agit d'une forme de *l'Endowment Effect*[17], c'est-à-dire que les gens attribuent davantage de valeur aux choses qui leur appartiennent.

Bien sûr, le jeu ou la musique ne « t'appartient » pas, mais le temps qu'on prend à apprivoiser certains styles musicaux ou le temps qu'on passe à développer ses talents dans un jeu vidéo contribuent à ce qu'on se sente investi dans le produit.

La même chose est vraie pour les blogues.

Si quelqu'un investit son temps à lire ton blogue, alors il va se sentir investi dans ton blogue et va naturellement en surévaluer la qualité.

Non seulement les gens surévaluent les choses qu'ils perçoivent comme étant les leurs, mais ils ont également avantage à considérer ton blogue comme étant le meilleur du monde.

Après tout, s'ils croyaient que ton blogue est mauvais, ils ne le liraient pas!

---

[17] fr.wikipedia.org/wiki/Aversion_à_la_dépossession

En considérant ton blogue comme un des meilleurs, ils peuvent se flatter l'égo en se disant qu'ils sont des êtres très informés puisqu'ils consomment une des meilleures sources d'informations disponibles.

LA PROJECTION

Non seulement les gens ont tendance à surévaluer la qualité de tout ce qu'ils consomment, mais ils surévaluent également la probabilité que les autres personnes consomment exactement la même chose qu'eux.

Alors si tu blogues sur le *fitness* et que je demande à un de tes *fans* « Qui sont les personnes les plus influentes dans l'industrie du *fitness*? », il ne va pas se baser sur les statistiques tangibles (comme le nombre d'abonnés Facebook), mais bien sur la facilité qu'il va avoir à se souvenir de toi.

Ensuite, il va présumer à tort que l'association entre le *fitness* et ton blogue est aussi facile pour tout le monde, donnant ainsi l'illusion que tu es une « sommité » dans ton domaine.

TU SERAS CE QU'ILS VEULENT QUE TU SOIS.

Si tu publies fréquemment (une à deux fois par semaine) assez longtemps, tu vas finir par te faire inviter à participer à des articles « round-up », c'est-à-dire un article qui pose la même question à 5-6 experts différents.

Dans ces articles, la personne qui compile les résultats et les publie sur son blogue a TOUT INTÉRÊT à te présenter comme étant l'expert absolu.

Plus il te vend, plus il va être capable d'attirer des clics et des commentaires.

La même chose est vraie lorsque les gens vont te demander une entrevue ou encore t'offrir de parler lors de conférences.

Ce n'est pas toi qui vas t'attribuer le statut d'expert, ce sont les autres. Et crois-moi, ils n'attendent QUE ÇA!

TOUT ÇA POUR DIRE QUE...

Les gens VEULENT te voir comme un expert et les autres blogueurs ou journalistes ont tout intérêt à te coller l'étiquette d'expert.

La seule chose que tu dois faire, c'est de publier souvent et d'avoir une stratégie intelligente pour attirer du trafic sur ton site.

Ne t'inquiète pas, dans le chapitre 6, je vais te dire tout ce que tu dois savoir pour être lu par au moins 10 000 personnes chaque mois!

PEU IMPORTE CE QUE TU ENTREPRENDS,
IL EXISTE TOUJOURS UNE FAÇON OPTIMALE
DE S'Y PRENDRE.

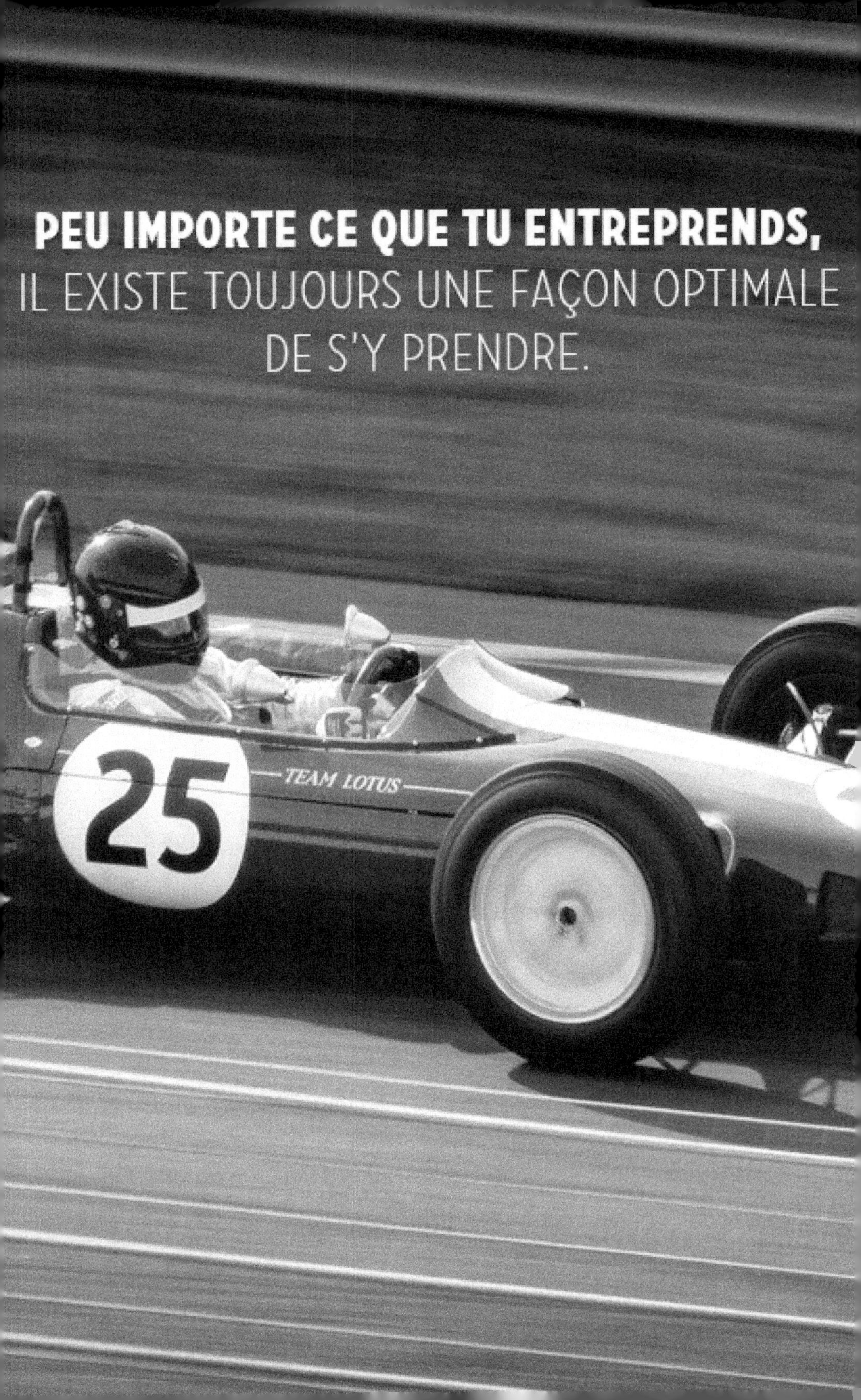

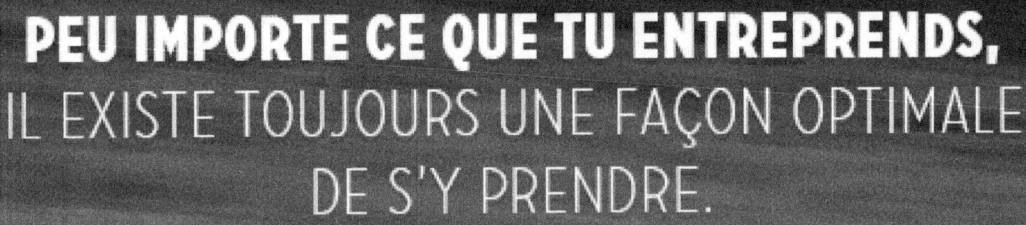

CHAPITRE 3
Comment alimenter un blogue, même si on manque de temps.

Avant d'écrire ce livre, j'ai réalisé un sondage où j'ai demandé à plus de 1 000 personnes ce qu'ils veulent savoir à propos de la création d'un blogue.

Dans ce sondage, je demandais entre autres aux participants de me décrire le principal obstacle les empêchant de se démarrer un blogue.

Les réponses étaient tellement unanimes que j'ai dû modifier la question en cours de route pour ajouter « (à part le manque de temps) » à la fin de la question pour les faire varier!

Même après cet ajout, les gens ont continué de me répondre que le manque de temps était leur principal obstacle.

Et je comprends ça...

Lorsque j'ai commencé à bloguer, je travaillais 40 h semaine en plus de faire des sites web et de la consultation pour des clients. Trouver le temps de bloguer à travers la famille, le travail, les amis & *Game of Thrones* peut être assez compliqué.

Cependant, je vais te donner un secret : **ça n'a pas à être difficile.**

Depuis que j'ai débuté mon blogue, trouver le temps d'écrire mes articles n'a jamais été un défi. Mon objectif dans ce chapitre est donc de te donner les mêmes outils que j'ai employés pour que tu puisses en dire de même!

Pour moi, il n'y a (presque) rien de plus tragique qu'un projet qui meurt dans l'œuf à cause du manque de temps.

Et je n'utilise pas ces trucs uniquement pour mon blogue, les stratégies que je m'apprête à t'expliquer s'appliquent à n'importe quel projet que tu décides d'entreprendre parallèlement au reste de ta vie.

Je vais d'abord te parler des deux grandes approches que tu peux employer pour maximiser ton temps. Tu pourras ensuite choisir laquelle semble le mieux s'appliquer à ton mode de vie.

Puis, je vais te parler des 4 principes à respecter, et ce peu importe l'approche que tu choisis. Ces principes sont hyper importants pour implémenter n'importe quelle habitude ou compléter n'importe quel projet. Ils font la différence entre un projet réussi et un projet abandonné.

Honnêtement, j'aurais aimé connaître tout ça lorsque je faisais mon cours à l'université. Tu sais… pour mieux préparer mes travaux de session! En fait, on me les a probablement déjà expliqués, mais j'étais trop occupé à être un étudiant. J'espère que tu auras plus de vision que moi il y a quelques années!

DEUX FAÇONS D'ÊTRE DEUX FOIS PLUS EFFICACE!

Peu importe ce que tu entreprends, il existe toujours une façon optimale de s'y prendre. La plupart du temps, on ne prend pas la peine de se demander c'est quoi avant de passer à l'action et on saute dans le tas la tête baissée, ce qui cause frustrations et temps perdu.

Dans le cas du blogging, il existe deux approches qu'on peut employer pour être plus efficace : le *batching* et la routine.

LE BATCHING

Cette approche est super simple, mais super efficace.

Pour être capable de faire plus en moins de temps, tu n'as qu'à faire toutes tes tâches répétitives d'un coup.

Si tu gères beaucoup de courriels, ça veut dire qu'au lieu d'aller voir à chaque notification et de répondre aux gens immédiatement, tu désactives tes notifications et traites l'ensemble de tes courriels en « batch ». De cette façon, tu élimines le temps perdu lorsque tu alternes entre deux tâches. Tout ça en plus d'enlever les distractions pendant que tu travailles sur des choses plus importantes.

Lorsque je crée mes formations, c'est exactement comme ça que je fonctionne. Je passe un mois à faire TOUS les scripts de mes leçons, une fois que c'est fait, je peux me concentrer à filmer l'ensemble de mes leçons sans interruption.

Pense à cette technique comme une série de minisprints. Pendant un certain temps, tu te donnes à 100 % sur un truc bien précis où tu fais JUSTE ça.

Alors si tu veux faire ça avec tes articles de blogue, ça veut dire qu'il faut que tu passes une semaine très intense à écrire deux ou trois articles par jour pour ensuite passer deux ou trois mois sans toucher à ton logiciel de traitement de texte.

Je connais des gens qui fonctionnent comme ça avec leur blogue et c'est d'ailleurs de cette manière que je procède maintenant.

Je crois que cette stratégie est pratique lorsque le blogue fait partie de tes tâches et que ce n'est pas une activité que tu dois essayer de faire *fitter* dans ton style de vie.

LA ROUTINE

L'autre façon de faire, celle que j'ai utilisée lorsque je bloguais pour le plaisir, est plus difficile à maintenir. Il s'agit d'intégrer le blogue à son style de vie en développant une routine autour de la rédaction de texte.

À la place de prendre un seul gros bloc de temps dans son horaire, on en prend pleins de petits. De cette façon, on a toujours l'esprit un peu dans notre blogue, ce qui nous permet d'avoir des idées à tout moment.

L'important est d'avoir une durée et un intervalle fixe.

Tu peux donc décider de bloguer pendant une heure chaque matin, prendre deux heures deux soirs par semaines ou prendre quatre heures dans une seule journée.

Pour moi, chaque samedi était dédié à la rédaction d'un article. C'était la première chose que je faisais en me levant et je n'arrêtais pas tant que je n'avais pas terminé. Quand j'étais inspiré, ça pouvait me prendre deux heures, mais pour les articles plus complexes ça pouvait s'étirer jusqu'à six heures.

Je suis conscient que ce n'est pas tout le monde qui est prêt à sacrifier une journée de congé pour écrire. Par contre, si tu écris fréquemment, cette tâche va vite devenir un petit moment de solitude à anticiper chaque semaine.

COMMENT CRÉER UNE HABITUDE?

Bref, peu importe la fréquence et la durée, il y a 3 choses à considérer lors de la création d'une nouvelle habitude de vie : la gâchette, la routine et la récompense.

La gâchette est, bien sûr, le truc qui va déclencher la routine. Il peut s'agir d'un lieu, d'une heure, d'une émotion, d'une autre personne ou encore d'une action que tu viens de compléter.

La routine est la série d'actions à compléter et la récompense sert à déterminer si l'habitude vaut la peine d'être renforcée ou oubliée.

Pour plusieurs d'entre nous, « s'ennuyer » déclenche la routine « sortir mon téléphone et aller regarder si quelqu'un m'a envoyé un e-mail ou une notification ».

La récompense est la petite *shot* de dopamine qu'on reçoit lorsqu'on voit que 4 personnes ont *liké* la photo de notre chat/chien/bébé/lunch qu'on a publié ce matin.

Pour être capable de créer une routine autour de la création d'un blogue, tu pourrais par exemple te dire qu'à chaque fois que tu reviens du travail et que tu prends ton café, tu t'assis et tu rédiges 500 mots. Après quoi tu peux te récompenser avec une Guinness.

La gâchette est le café, la routine les 500 mots et la récompense est la bière.

LES 5 PRINCIPES DE LA PRODUCTIVITÉ

Une fois que tu as choisi la méthode que tu vas employer pour bloguer, il faut encore appliquer certains principes pour trouver le temps d'implémenter une routine ou de *batcher* la réaction de tes articles.

PRENDS LES CHOSES AUX SÉRIEUX.

Un blogue, c'est sérieux. Si tu fais bien ça, il peut changer ta vie.

Sans mon blogue, je me ferais exploiter à 18 $ de l'heure dans une agence web comme tous les autres jeunes geeks doués au Québec. Mais parce que j'ai pris ça au sérieux, j'ai pu m'en servir comme levier pour accomplir un paquet de choses.

Alors la première chose à faire, c'est de prendre ça au sérieux. Parce que je te garantis que dès l'instant où tu vas déposer tes fesses devant ton ordinateur pour écrire, une tôlée de distractions va se mettre à apparaître de tous bords tous côtés, exigeant ton attention immédiate.

Si ton blogue n'est pas une priorité pour toi, ces distractions vont avoir le meilleur de toi.

Je veux que tu traites la rédaction de tes articles comme une priorité et je veux que tu te tortures mentalement à chaque moment de faiblesse (*i.e. scroller* son fil de nouvelle sur Facebook ou sortir son téléphone).

APPRENDS À DIRE NON.

Ça ne sert à rien de le dire, on est tous occupés. Il faut donc apprendre à dire non et prioriser.

T*say* le nouveau projet que ton collègue n'arrête pas de te parler? **Non!**

Le truc qu'on te demande de faire au bureau, mais qui ne cadre pas dans ta définition de tâches? **Non!**

L'autre idée d'entreprise que tu aimerais partir? **Non!**

L'engagement qu'on te demande de prendre et qui ne te tente pas vraiment? **Non!**

Un *meeting*? **Non!**

Dans la vie, c'est « Fuck oui! » ou « Non ». Il n'y a pas d'entre-deux.

Alors à moins d'être absolument certain à 100 % de vouloir prendre un engagement, ne le prends pas (même si tu es certain à 99 %).

En 2016, j'ai pris la décision d'arrêter toute consultation et tout *freelance* pour me concentrer à 100 % sur mon entreprise.

Oui, j'ai perdu des revenus (un bon 3 000 $ par mois), mais ça m'a également libéré du temps à investir dans autre chose d'encore plus profitable (même si je n'en avais aucune idée quand je l'ai fait).

Ce que je veux dire c'est : derrière chaque engagement se cache un **coût d'opportunité**. Tu ignores peut-être quel est ce coût, mais je t'assure qu'il est surement plus élevé que tu penses!

FAIS-TOI UN CALENDRIER ET RESPECTE-LE.

Si tu publies « quand ça te tente », tu ne vas jamais rien publier.

Il **faut** que tu te fasses un calendrier de publication et que tu le respectes à la lettre. Le jour où tu passes tout droit est le jour où ton blogue commence à mourir.

De plus, lorsque tu **publies**, tu récoltes du *feedback* qui va soit te motiver, soit t'aider à t'améliorer.

Le danger ici est d'être trop optimiste et de vouloir publier trop souvent en partant.

Si tu veux mon conseil, commence par publier une fois par semaine. Tiens cette fréquence pendant quelques mois et regarde comment tu te sens. Si c'est trop pour toi, baisse à une par deux semaines. Si tu sens que tu peux en faire plus, vas-y pour deux par semaine.

L'important est de prendre un engagement avec soi-même et de ne pas le briser.

Qui brise un engagement avec soi-même *anyway*... Une mauviette? ;) ;)

BLOQUE DU TEMPS DANS TON HORAIRE

Tant et aussi longtemps que tu ne bloques pas ton horaire, il va toujours y avoir quelqu'un ou quelque chose qui va vouloir venir s'y insérer malgré toi.

Permettre ça, c'est comme permettre qu'on **viole** ton temps.

Tu trouves peut-être ça drôle, mais je suis absolument sérieux. Il n'y a rien de plus important dans la vie que ton temps et la façon dont tu l'investis. Et comme avec l'argent, il faut le budgéter à l'avance et allouer ses ressources intelligemment.

Omettre de bloquer une plage horaire à l'avance pour bloguer revient à dépenser ton argent sans compter pour ensuite être surpris à la fin du mois lorsqu'il n'en reste pas assez pour le loyer.

Si tu ne bloques pas ton temps pour bloguer, alors tu ne le feras jamais. C'est aussi simple que ça. Il n'y a pas d'alternative, il n'y a pas de compromis.

Tiens un agenda et officialise cet engagement envers toi-même.

LIMITE LE TEMPS

Dernier principe de productivité : une tâche va s'étirer pour remplir la plage horaire qu'on se laisse pour l'accomplir.

Si tu te laisses six heures pour écrire un article, ça va te prendre six heures. Si tu t'en laisses deux, ça va t'en prendre deux.

Alors lorsque tu bloques du temps à ton agenda, prends l'habitude de limiter ce bloc! De cette façon, tu vas te dire quelque chose comme : « *Merde, j'ai juste deux heures et je dois écrire tout un article, il faut pas que je niaise!* »

Comparativement, si tu as toute l'après-midi, il se peut très bien que tu te laisses distraire par Facebook, YouTube ou n'importe quelle autre niaiserie parce que tu te dis « *Il me reste encore 4* heures, c'est clair que j'ai le temps de finir mon article avant la fin de la journée! »

Ceci étant dit, si ton bloc de temps est terminé, mais que tu es dans ta bulle et que tu es hyper productif, alors ne te gêne pas pour continuer jusqu'à ce que tu ne sois plus capable!

La limite de temps, c'est juste quelque chose pour t'aider à rentrer dans cet état où tu es super productif (aussi appelé « *flow*[18] »).

RÉCAPITULONS...

Que tu décides de t'établir une routine ou d'écrire tes articles en batch, il est important de respecter certains points.

Tu dois prendre ton blogue au sérieux (parce que c'est sérieux), dire non à presque tout pour libérer ton horaire, t'engager à publier à une fréquence bien précise et respecter cette fréquence à tout prix, prévoir une plage horaire sans distraction pour écrire et, finalement, limiter cette plage horaire dans le temps pour te forcer à prendre ton temps au sérieux.

Il n'y a pas de magie, entretenir un blogue prend du temps. Mais si tu prends ça au sérieux, tu vas te rendre compte qu'écrire apporte son lot d'avantages inattendus.

---

[18] olivierlambert.ca/a/flow

Oui, ça va te permettre de générer des ventes, de recevoir de beaux courriels de remerciement et te faire dire que tu es beau/bon/gentil par des inconnus. Mais le plus beau, c'est que ça va te permettre de développer une vision très claire de tous les sujets que tu mets à l'écrit.

Cette clarté d'esprit étant sa propre récompense, tu vas vite te surprendre à anticiper ta prochaine session d'écriture!

LE PROBLÈME N'EST PAS DE TROUVER DES IDÉES.

Le problème, c'est d'avoir de mauvaises idées et de l'ignorer.

CHAPITRE 4
Comment savoir sur quoi écrire et ne jamais manquer d'idées.

Toujours selon mon sondage, le deuxième obstacle qui empêche les gens de se démarrer un blogue est la peur de manquer de sujets – la peur d'annoncer publiquement qu'on commence à bloguer pour ensuite devoir arrêter parce qu'on ne sait plus quoi dire.

Cette peur existe parce que, bien que ce soit facile de trouver cinq idées d'articles, c'est difficile d'en inventer 50 (le nombre qu'on doit écrire en un an si on blogue chaque semaine).

Alors puisqu'on est incapable d'en trouver 50 *maintenant*, on tombe dans le piège de croire qu'on va être incapable d'en trouver 50 au fil de 50 semaines.

Bien sûr, chaque semaine va être accompagnée de nouvelles expériences et de nouvelles idées, mais on oublie de le prendre en compte puisque ça nous est impossible de concevoir les idées (et les expériences) qu'on n'a pas encore eues!

Fais-moi confiance, le problème n'est pas le manque d'idées... Le problème, c'est d'écrire les mauvaises idées!

Lorsque tu fais ton *brainstorm* pour trouver des idées, tu le fais à partir de ton point de vue et non celui de ton public cible. En procédant ainsi, tu vas écrire des articles pour des gens comme toi, et non pour des gens comme tes clients!

Par exemple, bien des agences web font l'erreur de bloguer pour les autres agences web et non pour les PME.

Voici 2 mauvais exemples :

- 20 sources d'images gratuites à utiliser pour un site web[19]
- 3 astuces pour rendre *sublime text* plus Efficace![20]

Dans le premier exemple, la firme propose des sources d'images gratuites. C'est une bonne chose, mais ça va attirer les gens qui **font** des sites web, pas les gens qui **achètent** des sites web!

Ensuite, ils proposent 3 trucs sur comment utiliser un logiciel qui permet de faire des sites web. Seuls les programmeurs vont y

---

[19] olivierlambert.ca/images-guerillaweb
[20] olivierlambert.ca/sublime-text-guerillaweb

trouver de la valeur, et si tu es un programmeur, t'as vraiment pas besoin d'engager une agence!

Au contraire, voici 2 bons exemples :

- 13 signes indéniables qu'une refonte de site web est nécessaire[21]
- 6 signes que votre agence web n'est pas la bonne[22]

Dans les deux cas, on peut facilement imaginer comment ce genre d'article peut générer des clients.

Voici un autre exemple pour mieux comprendre...

Disons que tu es un avocat qui se spécialise dans les divorces. Tu peux être tenté d'écrire des articles comme...

- Couple en crise? Voici 5 trucs pour mieux communiquer.
- 3 astuces pour une meilleure vie de couple.
- Comment mieux faire l'amour.

Ces exemples peuvent attirer du trafic et peuvent également apporter beaucoup de valeur. Cependant, ils ne vont pas aider à générer des ventes!

Au contraire, il faudrait écrire des articles tels que :

---

[21] olivierlambert.ca/refonte-site-web
[22] olivierlambert.ca/signe-agence-web

- 5 signes qu'il vous trompe.
- Il vous a trompé, que faire?
- 11 indices qu'il est temps d'aller voir ailleurs.

Même si c'est un peu sombre, ces articles vont offrir autant de valeur tout en étant de très bonnes sources de trafic et de prospects.

Bref, quand vient le temps de chercher des idées d'articles de blogue, nos idées ne sont pas nécessairement les meilleures. Pour trouver de bonnes idées, il faut aller chercher l'information chez ses lecteurs. Ça peut sembler comme se donner du trouble pour rien, mais tu vas voir, c'est très facile.

Il existe deux techniques que tu peux utiliser pour facilement savoir sur quoi bloguer : la création de sondages et la recherche de mots clefs.

COMMENT DEMANDER AUX GENS CE QU'ILS VEULENT VRAIMENT?

Pendant plus de deux ans, lorsque quelqu'un s'inscrivait à mon blogue, la première chose que je faisais était de lui envoyer un courriel pour lui demander ceci : « qu'est-ce qui te frustre avec le marketing Internet, qu'est-ce que tu aimerais savoir? »

Après un certain temps, je pouvais recevoir jusqu'à 20 courriels par jour! Ils étaient parfois courts (2 lignes), parfois longs (2 pages).

Cette stratégie m'a permis de découvrir quelles sont les difficultés des gens et avec quoi ils ont besoin d'aide.

Lorsque je voulais me concentrer plus sur un aspect du marketing, comme Facebook par exemple, alors je modifiais la question en substituant « marketing Internet » par « marketing Facebook ».

Aujourd'hui, j'ai changé d'approche. Lorsque je veux créer du contenu sur un thème particulier, j'utilise Google Forms[23] pour créer un court sondage que j'envoie à mes abonnés.

Je crée toujours une première question pour segmenter mes questions subséquentes. Si tu veux savoir à quoi ça ressemble, voici le questionnaire[24] que j'ai utilisé pour rédiger ce livre. Comme tu peux voir, la première question détermine les questions que je pose ensuite.

Puis, je pose toujours une question où je dis : « Si j'étais un génie (dans une lampe magique bien sûr) et que j'avais un souhait à t'accorder concernant ton blogue, ce serait quoi? Et pourquoi? »

---

[23] forms.google.com
[24] olivierlambert.ca/sondage-creation-blogue

Tu peux également utiliser des variations comme : « si j'avais une baguette magique » ou « si tu pouvais te dupliquer ».

L'idée est de savoir ce que la personne ferait dans un monde idéal. Cette question nous donne une fenêtre sur les désirs et frustrations des gens.

Ensuite, j'aime bien qualifier les gens en posant la question « Serais-tu prêt à payer 500 $ pour que je règle X problème? »

Ce genre de question va te permettre d'accorder plus de poids aux réponses des gens qui disent oui qu'à celles des gens qui répondent non.

Une fois que tu as créé ton sondage, tu peux le publier sur les médias sociaux, l'envoyer par courriel aux gens de ta liste ou encore le promouvoir avec de la publicité Facebook. Bien fait, ça devrait te coûter entre 1 et 2 $ par réponse. En plus, ça te permet de récolter des adresses courriel! Tu n'as qu'à leur demander à la fin du sondage en utilisant la formulation : « Inscris ton adresse ci-dessous pour que je te partage le contenu que je vais rédiger suite à ce sondage ».

Tu peux bien sûr modifier cet énoncé. L'idée est d'être plus légitime aux yeux de la loi C-28[25].

---

[25] olivierlambert.ca/loi-c-28-anti-spam

Une fois que tu vas avoir 2 ou 300 réponses, tu vas pouvoir commencer à analyser le tout et ressortir des phrases clés que tu pourras utiliser comme titres d'articles de blogue.

De cette façon, tu vas parler des enjeux qui préoccupent vraiment les gens tout en utilisant **leur langage**.

COMMENT TROUVER CE QUE LES GENS POSENT COMME QUESTION À GOOGLE?

L'autre façon de trouver de vrais bons sujets de blogue est de demander à Google! Non, je ne parle pas de rechercher « idées d'articles », mais plutôt d'effectuer ce qu'on appelle de la recherche de mots clés[26].

Il y a plein de logiciels coûteux et de techniques complexes pour faire de la recherche de mots clefs. Cependant, ça n'a pas à être compliqué.

Je vais te donner deux techniques gratuites super simples qui vont te permettre d'utiliser Google comme source d'inspiration infinie!

---

[26] olivierlambert.ca/recherche-mots_cles-referencement

L'AUTOSUGGESTION

Google a la fâcheuse tendance à faire comme ma copine et tenter de deviner ce que je vais dire à l'avance.

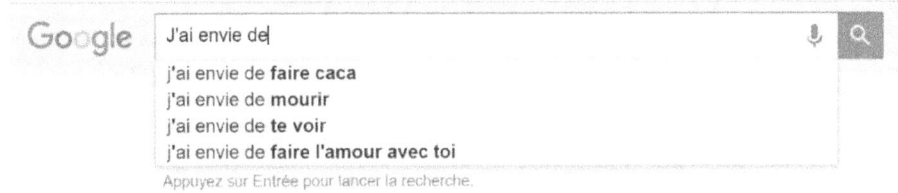

Lorsque Google tente de compléter tes phrases, il se base sur les recherches les plus populaires. Alors, peu importe ce qu'il te montre, tu peux être certain que tu n'es pas le premier à l'avoir cherché !

L'idée, c'est d'utiliser cette fonctionnalité pour trouver les questions que les internautes posent à Google en lien avec ton sujet/produit/service.

De cette façon, tu t'assures non seulement qu'il s'agit de véritables questions, mais également qu'il y a un bon potentiel de référencement. Ça veut dire que si ton article est assez bon et qu'il arrive sur la première page de Google, tu as de bonnes chances d'attirer pas mal de visiteurs !

Pour être capable de générer beaucoup d'idées pour un seul mot clé, tu peux utiliser un outil comme KeyWordTool.io. La version gratuite est limitée, mais quand même pratique !

LES RECHERCHES ASSOCIÉES

Lorsque tu inscris un mot relativement général, Google va ajouter une section au bas des résultats de recherche intitulée « recherches associées ».

Recherches associées à comment faire referencement naturel

se faire **référencer**	**référencement** naturel **gratuit**
pourquoi faire **du référencement** naturel	**référencement** naturel **google gratuit**
importance du référencement naturel	**améliorer référencement** naturel
référencement naturel	**les bases du référencement**

Un peu comme avec l'autosuggestion, Google va te proposer les requêtes les plus populaires en lien avec ton sujet. Tu peux donc te servir de ces informations pour générer des idées d'articles à écrire.

Recherches associées à référencement naturel

référencement **payant**	référencement naturel **prix**
référencement naturel **gratuit**	référencement naturel **google**
comment faire referencement naturel	référencement naturel **tuto**
référencement naturel **définition**	**agence** référencement naturel

Et lorsque tu cliques sur une de ces suggestions, Google va te présenter de nouveaux résultats de recherches ainsi qu'une nouvelle sélection de recherches associées. Tu peux donc cliquer de page en page et générer des idées à l'infini!

COMMENT ÉVALUER LA POPULARITÉ D'UN SUJET?

Après avoir fait ton sondage ou ta recherche de mots clés, tu vas avoir une grosse liste d'idées d'articles de blogues à écrire.

Bien que ce soit « sexy » d'avoir plein de partages sur les médias sociaux, il ne faut pas oublier que Google risque fortement d'être ta source principale de trafic. Donc avant d'écrire tes articles, jette un coup d'œil au Google Keyword Planner[27]!

Tu vas pouvoir y entrer tes mots clefs et Google va te donner un aperçu du nombre de requêtes mensuelles pour chacun d'entre eux. Tu vas voir que plus ton expression est précise, moins il va y avoir de recherches et c'est normal. Dis-toi que si ton article est « comment faire du smoked meat », tu risques d'apparaître sur bien plus de recherches que cette requête exacte. Tu vas également apparaître sur des trucs reliés comme « faire du smoked meat » ou « recette de smoked meat ».

Bref, tout ça pour dire que cet outil peut te donner une bonne idée de quelles sont les questions les plus importantes dans ton domaine. Personnellement, le déteste utiliser cet outil, mais ça

---

[27] adwords.google.fr/KeywordPlanner

m'a tellement été utile que je ne pouvais pas expliquer la recherche de mots clés sans le mentionner.

ALORS... COMMENT NE JAMAIS MANQUER D'IDÉES?

J'espère que j'ai pu te faire voir à quel point c'est ridicule d'avoir peur de manquer d'idées. Si tu n'as que 5 idées d'articles à écrire dès maintenant, ce n'est vraiment pas grave. Dis-toi que, lorsque tu seras à sec, tu n'auras qu'à utiliser les 2 techniques que je viens de te montrer pour en générer 5 autres.

Et, par expérience, je peux t'assurer que les idées vont te venir de partout. Quand tu marches, quand tu t'entraînes, quand tu manges, quand tu fais l'amour, quand tu te douches...

Le problème ne sera pas d'avoir de nouvelles idées, mais de choisir parmi toutes ces idées pour trouver celle qui va maximiser l'investissement de ton temps!

CHAPITRE 5
Exprimer ses idées (et sa personnalité) pour convaincre.

Il existe deux autres insécurités communes lorsqu'on se part un blogue. Il y a « J'ai peur que les gens préfèrent écouter des vidéos de chats sur YouTube que de lire mon blogue. » et « J'ai peur qu'on me dise que j'ai tort ».

Pour ce qui est de la peur de ne pas intéresser les gens, j'ai le regret de t'avouer que cette peur est bel et bien réelle – l'attention des gens est effectivement prise en otage par une poignée de chats se filmant malicieusement en train de faire des pirouettes.

Cependant, laisse-moi te dire ceci : si un gars[28] est capable d'avoir 15.5 M de vues sur YouTube en expliquant comment nos

---

[28] youtube.com/user/Vsauce

cônes et nos bâtons (dans nos yeux) font pour percevoir les couleurs, alors tu es capable de rendre ton sujet intéressant.

Ce n'est pas ce que tu dis, c'est <u>comment</u> tu le dis.

En ce qui concerne la peur de se faire pointer du doigt en tant qu'imposteur, considère ceci : il n'existe pas de vérité absolue, il n'existe que des points de vue.

Ça peut sembler évident, mais ce que je veux dire est beaucoup plus profond que « tout est relatif » ou « chacun a droit à son opinion ».

Non. Je veux dire que lorsque quelqu'un argumente dans les commentaires, ce n'est pas parce que **tu as tort**, mais bien parce que tu n'as pas été assez **convaincant**.

Lorsque tu écris un article de blogue, le lecteur devrait considérer la conclusion comme une <u>évidence</u>. Idéalement, tu pourrais faire deux articles complètement contradictoires et la même personne pourrait lire les deux textes à une semaine d'intervalle et être d'accord avec les deux conclusions.

Bien sûr, si on présente les deux points de vue en même temps, la personne va se rendre compte qu'ils sont incompatibles. Je ne veux pas dire que les gens sont cons, je veux simplement dire que c'est la structure du texte qui est responsable d'engendrer **l'impression** de comprendre et de croire une idée.

Le mot « impression » est très important...

Bref! Dans ce chapitre, je vais faire une pierre deux coups en partageant quelques techniques qui vont te permettre non seulement de **1)** interpeler tes lecteurs, mais surtout de **2)** les convaincre.

COMPÉTITIONNER AVEC LES CHATS

Regarder des vidéos de chats, c'est comme manger au McDonald's. Tu *peux* manger *juste* ça, mais ce n'est pas recommandé.

Comme avec la nourriture, la plupart des gens savent que regarder des vidéos de chats sur YouTube toute la journée n'est peut-être pas l'usage le plus productif de leur temps.

Oui, certaines personnes ne font QUE ça, mais *tsay*... certaines personnes ne mangent QUE des Big Macs aussi!

Ce que je veux dire, c'est que la plupart des gens savent qu'ils doivent manger des brocolis et qu'ils vont en manger s'ils en ont l'occasion. Le même principe s'applique avec le contenu sur le web : on sait qu'on doit consommer de bonnes sources d'information, sans quoi on risque de devenir un peu nono.

C'est pourquoi tout n'est pas perdu! De la même façon qu'un enfant se pince le nez pour manger ses légumes, tes lecteurs vont être prêts à donner un petit effort s'ils pensent que ce que tu as à leur dire va leur être utile.

Le défi est donc de persuader les gens de l'importance de ton message. Et pour faire ça, il ne suffit que de suivre les instructions!

HOUSTON, ON A UN PROBLÈME

À cause qu'on a évolué dans un contexte où la survie était notre préoccupation #1, on a été programmés pour accorder beaucoup plus d'attention aux choses négatives qu'aux choses positives. En d'autres mots, **la peur d'une perte bat à tout coup l'anticipation d'un gain**. Et sans devenir un vieux grincheux pessimiste, il est possible d'exploiter ce phénomène pour générer de l'intérêt envers presque n'importe quelle idée.

Les *copywriters* (ceux qui écrivent les textes de vente) utilisent depuis longtemps une formule qui s'appelle P.A.S. Cet acronyme signifie *Problem, Agitate, Solve*, c'est-à-dire qu'on commence par présenter un problème pour ensuite explorer les conséquences et, finalement, présenter la solution.

Vois-tu, la plupart des gens font l'erreur de présenter leur idée dès le départ sans en donner de contexte. Peu importe l'idée ou le concept que tu veux communiquer, il y aura TOUJOURS un contexte que tu peux présenter sous forme d'une situation problématique.

Tiens, ce livre par exemple. J'ai déjà identifié à l'aide de mon sondage que les principaux désirs sont *d'acquérir plus de notoriété* et de *générer des ventes* et que les principaux problèmes sont *le manque de temps, d'idées*, la *peur de l'indifférence* et de *perdre la face publiquement*.

En me basant sur ce que je sais, je pourrais introduire mon livre de cette façon :

> *Tu aimerais avoir un blogue, mais tu manques de temps? C'est normal...* [Problem] *Ta « to do » est assez longue comme ça et ajouter un blogue sur la pile veut dire que certaines tâches vont être mises de côté. Et si tu l'essaies, mais que ça ne mène nulle part? Et si tout ça finit par être une grosse perte de temps? Temps que tu aurais pu investir dans autre chose de plus rentable ou de plus plaisant?* [Agitate] *Heureusement, bloguer n'a pas besoin de prendre beaucoup de temps. Et en plus, si tu respectes certains principes, alors bloguer va rapidement devenir ton activité la plus rentable. Pour en apprendre davantage...*
> [Solve]

Voici un autre exemple en me basant sur le désir de générer des leads.

> *Vendre un produit ou une idée, c'est désagréable. [Problem] Je veux dire... Mets-toi à la place du client. Aimes-tu lorsqu'on essaie désespérément de te vendre quelque chose? Est-ce que ça t'est déjà arrivé de ne pas acheter à cause que quelqu'un tentait trop fort de te vendre quelque chose? En sachant ça, comment est-ce que tu te sens par rapport à ton marketing? [Agitate] Et si tu n'avais plus jamais besoin de trouver tes clients? Et si, à la place, c'était eux qui venaient te voir, carte de crédit en main, prêts à devenir tes clients? Eh bien ce n'est pas impossible, en fait, je ne fais que décrire la réalité de milliers d'entrepreneurs comme toi. La seule différence, c'est qu'ils ont décidé de bloguer. [Solution]*

Bref, tu peux utiliser cette formule pour débuter tes articles de blogues du bon pied, rédiger des courriels pour proposer ces articles à tes abonnés ou encore publier efficacement sur les médias sociaux!

LE SENS D'IMPORTANCE

LA plus grosse erreur que tu peux faire avec ton blogue est de **ne pas** prendre les choses aux sérieux. Il ne faut pas que tu TE prennes au sérieux, mais il faut que tu prennes **le problème** que tu règles pour les gens au sérieux.

Peu importe sur quoi tu écris, il faut que tu aies la conviction qu'il s'agit de la chose la plus importante que ton public cible puisse lire. Ce n'est pas être prétentieux, c'est [rendre service]().

Si tu ne crois même pas que ce que tu écris vaut la peine d'être lu, alors comment veux-tu que les gens prennent le temps de le lire?

Notre écriture est un testament de notre état émotionnel lors de sa rédaction. Si tu es peu sûr face aux enjeux que tu expliques, tes lecteurs vont le sentir. Et, au contraire si tu es enthousiaste, cette émotion va également se diffuser chez ton lecteur.

Si tu crois que tu n'as rien de « si important que ça à dire », détrompe-toi! Pour toi, ton sujet est évident. Mais rappelle-toi que les gens ne sont pas des experts et que pour eux, c'est loin d'être si évident que ça!

COMMENT CONVAINCRE ET NE JAMAIS AVOIR TORT?

Comme j'expliquais, les gens n'argumentent pas parce que tu as tort, ils argumentent parce qu'ils ne sont pas convaincus. Et pour être capable de convaincre, tu dois utiliser une structure particulière et éviter quelques pièges.

Dans mon article[29] sur la domination mondiale, je dis exactement ceci :

> *« Après avoir lu tout ce que je viens d'écrire, on en vient à une conclusion qui entre directement en conflit avec nos valeurs chrétiennes :* **faire de l'argent, c'est bien.**
>
> *Plus tu fais de l'argent, plus tu contribues à la société. Si on accepte ce que je viens de dire, ça donne à tout le monde le devoir moral d'essayer d'en faire le plus possible. »*

Dire que tout le monde a la responsabilité morale de faire le plus d'argent possible, c'est assez *hardcore*... C'est une pilule difficile à avaler, surtout pour ceux qui n'en font pas beaucoup.

Pourtant, cet article n'a eu qu'un seul commentaire négatif noyé dans les commentaires positifs.

Comme tu vas voir, pour être capable de dire son opinion sans avoir peur d'un retour négatif, il faut simplement préparer le lecteur à accepter ta conclusion avant que tu ne la verbalises.

---

[29] olivierlambert.ca/devenir-riche-et-dominer-le-monde

CONVAINCU AVANT MÊME DE COMPRENDRE.

En gros, il faut préparer mentalement le lecteur en désamorçant les pièges qui vont lui causer d'être en désaccord avec toi AVANT de lui présenter ton idée.

Dans mon exemple, je n'ai pas ouvert mon article en disant « *L'argent est bien et si tu es pauvre, tu ne fais pas ta part dans la société* ». Avoir fait ça, je me serais fait lyncher! Cette idée apparaît vers **la fin** de l'article et est présentée comme étant la suite logique d'une longue argumentation.

Pour être capable de me rendre là, j'ai dû faire le chemin inverse et établir une série de faits sur la signification de l'argent et redéfinir certains concepts dans l'esprit du lecteur.

En d'autres mots, j'ai bâti la fondation mentale nécessaire pour accepter une idée sans la remettre en question.

Prenons un autre exemple... Disons que je veux convaincre quelqu'un d'avoir un blogue. Je ne peux pas simplement lui dire « fais-toi un blogue », je dois commencer par établir les « pourquoi ». En voici quelques-uns...

- L'objectif de Google est de répondre aux requêtes des gens avec la meilleure réponse présentement disponible sur Internet.

- Sans contenu, Google ne te présentera jamais dans les résultats de recherche, mis à part lorsqu'on recherche directement ton entreprise (ce qui est une minorité des cas).

- L'alternative est d'acheter du trafic avec de la publicité, ce qui coûte de 25 cents à plusieurs dollars par visite.

- Chaque article de blogue permet d'attirer au moins 100 visites par mois pour un nouveau site et plus de 500 pour un site ayant de l'ancienneté.

- Sur un an, un article va donc générer entre 1 200 et 6 000 visites. Sachant que ton site va rester en ligne plus d'un an, c'est sans doute plus que ça.

- En comparant avec l'alternative (acheter de la publicité), on peut dire que chaque heure investie représente au moins 100 $ de publicité en se basant sur un modèle conservateur (100 visites par mois et 0.25 $ du clic) et plus de 1 500 $ en se basant sur un modèle plus optimiste (500 visites par mois par article et 0.75 $ du clic).

- **Donc**, considérant les autres options, se démarrer un blogue représente le meilleur investissement de son temps pour faire connaître sa marque, ses produits ou services.

Vois-tu comment chaque énoncé prépare lentement le lecteur à accepter la conclusion?

Dans cette séquence, j'ai complètement renversé l'idée qu'un blogue est une perte de temps.

BREF...

Dans ce chapitre, j'ai parlé de deux choses distinctes : *comment susciter l'intérêt* et *comment convaincre*. Je suis conscient qu'il s'agit de deux sujets très complexes, mais j'espère que les informations contenues dans ce chapitre seront suffisantes pour te donner le courage nécessaire de passer par-dessus la peur de l'indifférence et la peur de perdre la face.

Après tout, même si Internet est tapissé de vidéos de chats, les gens savent qu'ils doivent manger leurs légumes et ton article sera reçu avec beaucoup d'intérêt par ton public cible. La seule chose que tu dois faire, c'est expliquer pourquoi ton article est important. La formule P.A.S. est parfaite pour ça!

Et finalement, tu n'as pas à avoir peur de te faire dire que tu as tort pour la simple et bonne raison que les gens n'argumentent pas lorsque tu as tort, ils argumentent lorsque tu n'es pas convaincant! Pour être convaincant, tu n'as qu'à préparer mentalement le lecteur à accepter ta conclusion avant d'y arriver toi-même.

CHAPITRE 6
Comment rendre son blogue populaire.

Tous les blogueurs ont fait cette erreur et, pour plusieurs, elle a été fatale. Cette erreur mène les blogueurs à écrire des textes qui, au bout du compte, ne donnent absolument rien. On croit qu'ils servent à quelque chose... Mais c'est une illusion.

Le problème avec les illusions, c'est que notre premier réflexe est de les croire. Ce n'est que lorsqu'on y réfléchit qu'on réalise qu'il s'agit d'une illusion. Prends par exemple ce dessin... Quelle ligne est la plus longue?

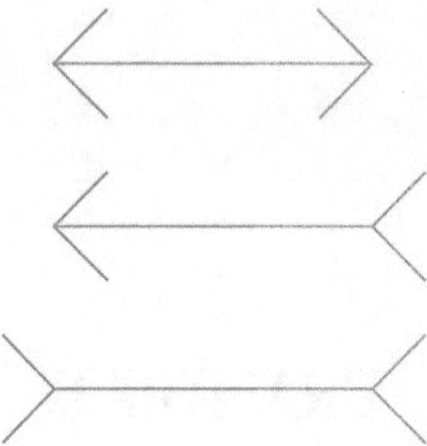

Ton instinct te dit quelque chose, mais ta raison te dit autre chose!

Je vais t'expliquer quelle est cette « erreur » que tout le monde fait. Mais comme avec l'illusion, il va falloir que tu te raisonnes. Tu ne serais pas la première personne à marcher tout droit dans le piège tout en sachant exactement où il se trouve!

« L'erreur » que je vais t'expliquer va sonner comme une de ces phrases qui, à première vue, semblent si évidentes. Mais je t'avertis, sous cette évidence se cache une bonne couche de complexité qui, si tu prends le temps de l'assimiler, a le potentiel de te sauver beaucoup, **beaucoup** de temps!

L'erreur est la suivante : **vouloir avoir un blogue populaire trop rapidement**.

Détrompe-toi, je ne dis pas que c'est impossible d'avoir un blogue populaire rapidement. Je dis simplement qu'en cherchant la popularité, on est amené à utiliser des stratégies qui vont nous faire dévier vers la trajectoire opposée.

Ces stratégies vont nous faire miroiter un succès imminent tout en donnant l'impression de progrès, mais la réalité est tout autre : on se démène comme un diable en faisant du surplace.

LE PIÈGE DE LA POPULARITÉ

355 mentions « j'aime ». Wow! Son dernier article de blogue est vraiment populaire. J'aimerais ça en avoir autant!

C'est comme ça que ça commence… On regarde les autres, on se compare, la jalousie nous prend. On aimerait ça avoir autant de partages, de *likes* et de commentaires. Alors qu'est-ce qu'on fait? On adopte une approche similaire et, en faisant ça, on change notre objectif principal.

Au lieu d'avoir comme objectif le trafic, on prend comme objectif la popularité – on veut des *pins*, des *tweets* et des *likes*.

Le problème avec ça, c'est qu'une mention j'aime n'est pas une forme de capital qui rapporte des dividendes. Le *like* ne représente que la réaction d'un lecteur, rien de plus.

Le temps que tu passes à rédiger des articles pour faire réagir est du temps que tu aurais pu investir à rédiger des articles qui vont t'attirer du trafic.

Le trafic doit être ton l'objectif, pas les *likes*.

Et pas n'importe quelle sorte de trafic, *celui qui provient des moteurs de recherche*. Ce genre de trafic s'accumule, article par-dessus article, et croît avec le temps.

Le trafic des médias sociaux est comme un feu de paille alors que le trafic des moteurs de recherche est plutôt comme une boule de neige qui descend l'Himalaya.

Je suis d'accord avec toi, le feu de paille est vraiment *cool* à faire brûler parce que la flamme est rapide et intense. Par exemple, voici un article qui a été « viral » sur mon site web :

Cet article a généré 11 249 visites en très peu de temps, ce qui est très impressionnant!

Maintenant, regarde le trafic que m'a apporté cet article :

Ce dernier m'a apporté, depuis sa publication, plus de 180 000 visites.

Lorsqu'on compare les graphiques, on voit que le premier est bref et intense, l'action se passe en quelques jours. L'autre, au contraire, prend plusieurs mois avant d'atteindre sa vitesse de croisière et, une fois atteinte, il la garde jusqu'à ce que l'intérêt des gens diminue.

Le premier article va générer une poignée d'abonnements à ta page Facebook, l'autre va t'assurer un *flow* constant de nouveaux abonnés, faisant croître ta notoriété au fil du temps.

J'espère que tu vois maintenant l'ironie. Les partages sont une conséquence de la popularité et non pas la cause. Si tu cherches à établir ta notoriété en te basant sur les *likes*, tu mets la charrue devant les bœufs. Le trafic est responsable de la popularité et c'est le trafic qui va te permettre un jour d'avoir des milliers de *likes*.

L'IMPORTANCE DE TOUT DONNER

Les deux graphiques que j'ai donnés représentent des exceptions. La plupart de tes articles ne vont être ni viraux ni particulièrement bien référencés. Cependant, si tu rédiges suffisamment d'articles, tu vas éventuellement faire un « coup de circuit ».

L'objectif est donc d'accumuler le plus de coups de circuit possible, ce qui va faire grossir ton trafic au fil du temps.

Et quand tu veux faire un coup de circuit, il faut tout donner – à chaque fois. Tu ne feras pas de coup de circuit si tu te donnes à

50, 60 ou même 80 %. Il faut donner son 110 % à chaque essai tout en espérant avoir un peu de chance.

En langage de blogueur, ça veut dire que chaque article doit avoir **un seul objectif** : apparaître en première position sur Google. Et tu ne seras jamais capable d'atteindre cet objectif en faisant des articles « corrects ». Pour avoir une chance d'y apparaître, tu dois rédiger le meilleur foutu article jamais écrit sur le sujet.

Écrire 20 articles parfaits t'amène bien plus loin que d'écrire 100 articles qui sont simplement « bons ». Alors, arrête de perdre ton temps à polluer le web d'articles qui n'apportent rien d'exceptionnel. Le web est déjà saturé de ce genre de textes. Être bon n'est plus suffisant pour se démarquer.

CE QU'IL FAUT SAVOIR POUR APPARAÎTRE EN PREMIÈRE PAGE DE GOOGLE

On a vu dans le premier chapitre ce que signifie écrire un « bon article » du point de vue du lecteur. Maintenant, je vais t'expliquer ce que signifie écrire un bon article du point de vue de Google.

L'action d'optimiser ses articles pour apparaître en première page de Google porte le nom d'optimisation du référencement (ou SEO, *Search Engine Optimisation*) et il s'agit d'une discipline extrêmement complexe.

Heureusement, le SEO, c'est un peu comme un ordinateur... Tu n'as pas besoin de savoir programmer pour être capable de t'en servir.

En référencement, il n'y a que quelques principes que tu dois connaître pour être capable d'apparaître sur la première page. Je vais t'expliquer les trois plus importants, mais juste avant, je vais t'expliquer brièvement comment Google fait pour décider quoi montrer sur la première page.

COMMENT GOOGLE FONCTIONNE

Comme tu sais déjà, l'objectif de Google est de montrer le contenu qui répond le mieux à la requête de recherche de l'utilisateur. Pour établir quel est le meilleur contenu, Google évalue chaque page de son index selon plus de 200 facteurs. Certains de ces facteurs font référence à l'autorité générale du site web, d'autres s'intéressent à la pertinence des informations de la page ainsi qu'à son niveau d'autorité.

Pour être capable de déterminer l'autorité d'un site web ou d'une page, Google prend principalement en compte les liens entrants. C'est-à-dire qu'il considère chaque lien pointant vers ton site web comme étant un endossement de la part du site sur lequel se trouve ce lien. Plus ce site web est lui-même influent, plus cet endossement est significatif aux yeux des moteurs de recherche.

Cependant, l'influence n'est pas universelle. Un site très influent sur le fitness n'est pas nécessairement considéré comme étant influent sur la politique. La provenance des liens est donc excessivement importante.

De plus, un lien en direction d'un article va non seulement aider cette page à se démarquer dans les résultats de recherche, mais également l'ensemble des pages de ton site web (quoi que beaucoup moins).

Alors idéalement, il faut privilégier un type de contenu qui va être cité par d'autres blogueurs (ou médias).

Pour connaître le score d'influence d'une page ou d'un site web, je te recommande fortement d'utiliser la MOZ ToolBar[30], une petite extension Chrome et Firefox qui va te donner rapidement accès aux métriques *Page Autority* et *Domain Autority*.

Après avoir déterminé l'autorité, Google crée un index sémantique de la requête et la compare avec celui de l'article en question pour établir un score de pertinence.

---

[30] moz.com/products/pro/seo-toolbar

C'est-à-dire qu'il prend chaque mot de la requête et génère une liste de synonymes et de recherches connexes. L'objectif est d'essayer de comprendre le « sens » de la requête.

Si tu cherches « comment tricher dans un examen », il va associer des mots comme « trucs, astuces, école, université, collège, secondaire, professeur, diplôme, échec, réussite, questions, réponses, élève, … » Chaque mot possède un poids qui varie en fonction de la similitude à la requête mère.

Ensuite, il fait la même chose pour ton article et compare les deux. Plus ton article possède un champ sémantique similaire, plus son score de pertinence est élevé.

Comme je disais, pas besoin de savoir programmer pour te servir d'un ordinateur… Les 3 principes que je vais t'expliquer vont faire en sorte que tu vas optimiser ton article sans le savoir. Alors si tu n'as rien compris à ce que je viens d'expliquer, ce n'est vraiment pas grave!

LE TITRE ET LA MÉTA DESCRIPTION.

Le facteur le plus facile à optimiser (et le plus important) est le taux de clic de ta page dans les résultats de recherche.

Si tout le monde clique sur ton site, même s'il est en 6ᵉ position, ça dit à Google que les utilisateurs préfèrent ton contenu à celui des autres. À la longue, il va donc tranquillement te faire monter dans les résultats de recherche.

Il existe 3 choses qu'on peut optimiser pour avoir un bon taux de clic : son titre, son url et sa méta description.

```
Votre Titre
  ↓
De 0 à 10 000 visites par mois en 6 mois ou moins...
www.olivierlambert.ca/page/brand.php ▾   ← Votre URL
100% de ce que vous devez savoir pour avoir vos premiers 10,000 visiteurs par mois!
Voulez-vous apprendre comment: Faire un site web? L'optimiser sur les ...
  ↑
Votre Méta Description
```

Chacun de ces bouts de texte possède une limite de caractères, alors il faut s'assurer d'être convaincant (et pertinent) tout en étant bref.

Je te recommande fortement l'outil de Portent[31] pour prévisualiser ton titre et ta méta-description.

Garde en tête que les mots qui se retrouvent à la fois dans la requête de recherche et dans tes titres/descriptions seront en **gras**, ce qui augmente le taux de clic!

Pour aller plus loin, voici un article[32] donnant quelques trucs sur la rédaction de titres.

---

[31] portent.com/serp-preview-tool
[32] olivierlambert.ca/comment-ecrire-des-bons-titres-selon-chris-hughes

Pour connaître le taux de clic sur tes articles, tu peux t'inscrire au Google Webmaster Tools[33].

LA LONGUEUR DU CONTENU.

La plupart des pseudo « gourous » vont te dire que tu dois écrire des articles de 500 mots parce qu'après tout, les gens ne lisent pas!

Eh bien détrompe-toi, les gens lisent! La preuve : tu es en train de lire cette phrase, ce qui veut dire que tu as dû passer à travers au moins 14 000 mots de contenu.

Comme j'ai expliqué dans le dernier chapitre, les gens savent qu'ils doivent manger leurs brocolis, et si ton contenu est bon, ils vont le lire jusqu'au bout.

Et si tu en veux la preuve, voici un tableau généré à partir des statistiques de partage de 327 articles sur le blogue de QuickSprout.

Words	Tweets	Facebook shares	LinkedIn shares
0-399	207.08	66.44	30.44
400-699	207.43	57.85	32.19
700-999	254.90	83.16	45.54
1000-1499	295.97	111.66	54.74
1500+	312.52	110.30	56.89

---

[33] google.com/webmasters/tools

On peut voir que les articles ayant plus de 1 500 mots ont reçu 87 % plus de partages sur LinkedIn, 66 % plus de partages Facebook et 51 % plus de *retweets* que les publications à moins de 400 mots.

Alors manifestement, les gens apprécient le contenu long plus que le contenu court!

Mais qu'en est-il de Google?

Eh bien il s'adonne que lui aussi aime le contenu long! Voici le résultat d'une étude menée par SerpIq où on a analysé la première page de Google sur 20 000 requêtes.

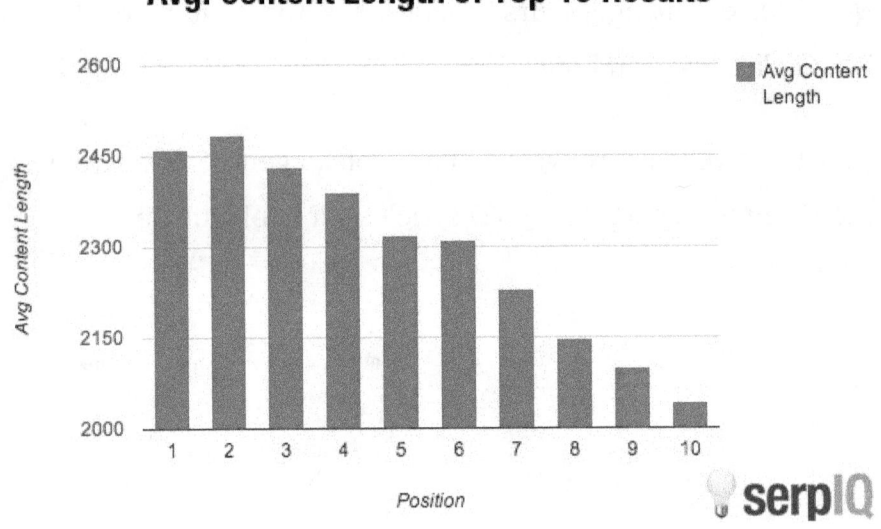

Comme tu peux voir, la première page est dominée par des articles ayant plus de 2 000 mots!

Donc, si tu veux être sur la première page, tu es mieux de beurrer épais et d'en mettre plus que pas assez, parce qu'un article de 500 mots n'a simplement aucune chance.

Mais ce graphique impose une question... Pourquoi est-ce que Google favorise ces sites? Est-ce **uniquement** parce qu'ils sont longs?

MOZ a tenté de répondre à cette question et a analysé 500 articles de blogues. Voici un graphique représentant ces 500 articles triés en fonction de leur nombre de mots.

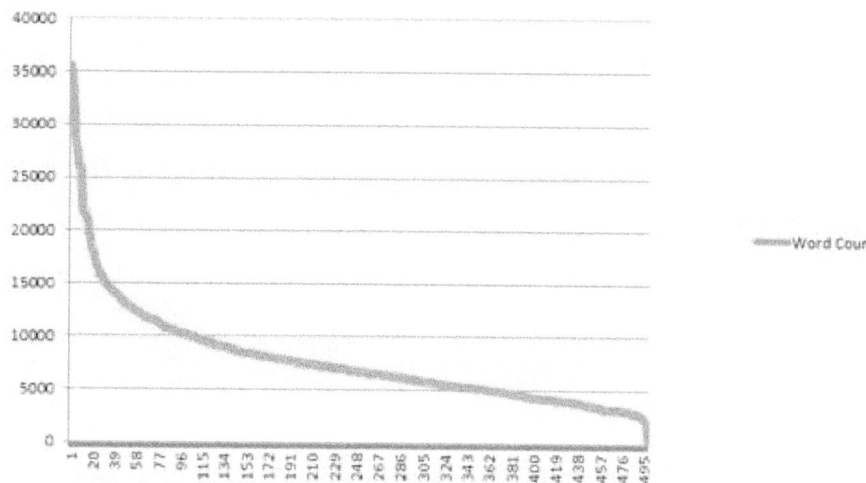

Voici maintenant le même graphique, mais où présente le nombre de liens entrant par article.

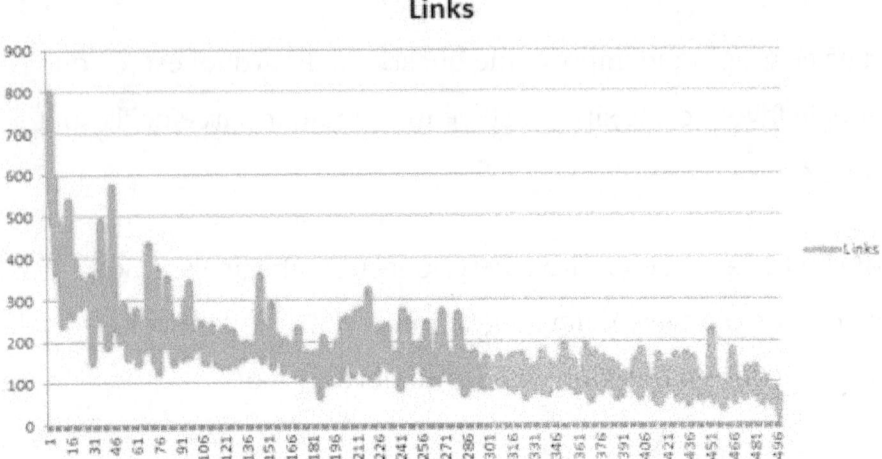

On peut en déduire que ce n'est pas nécessairement la longueur qui fait en sorte que ces articles arrivent premiers, mais bien le nombre de liens que ces articles ont attirés. Un autre argument en faveur de la création de contenu que les gens vont pouvoir utiliser comme référence!

CITER SES RÉFÉRENCES.

Parlant de référence, il faut également savoir que Google analyse les liens externes présents sur ta page. Lorsque tu cites des experts reconnus, Google considère ça comme un indicateur de qualité.

Dans chaque article, assure-toi de faire des liens vers les sites les plus populaires dans ton domaine. Contrairement à ce qu'on enseigne à l'école, Wikipédia est ici considéré comme une bonne source!

Pour gagner des points bonis, mets des sites gouvernementaux (qui se terminent en .gov) ou des sites d'écoles (qui se terminent en .edu) en références!

LE PLUS IMPORTANT...

On vient de voir un paquet de choses un peu techniques et je ne veux pas m'éloigner de l'objectif principal de ce chapitre : <u>créer un blogue populaire</u>.

On peut donc résumer tout ça en disant : trouve les questions qui se posent dans ton industrie et crée la meilleure réponse possible. Ainsi, tu vas tranquillement bâtir une archive qui va être considérée comme une référence par la communauté des *hobbyists* et professionnels de ton domaine.

À moyen terme, tu vas accumuler une bonne quantité d'abonnés sur tous tes réseaux sociaux ainsi que sur ton infolettre. Et lorsque tu seras populaire, tu pourras te permettre de rédiger des textes d'opinion qui cherchent à faire réagir.

Mais d'ici là, concentre-toi sur ce qui est important : **faire grossir ton trafic.**

Pour te donner une idée, chaque article va te donner en moyenne 100 visites par mois. C'est une grossière estimation (assez modeste). En fait, la moyenne varie fortement en fonction des industries. Donc, pour être capable d'avoir 10 000 visites par mois sur ton site, il faut t'attendre à rédiger environ 100 articles.

Il se peut que ce chiffre soit beaucoup plus bas. Ça aura pris 40 articles pour le blogue de mon cousin et 73 pour le mien. Par contre, ni moi ni mon cousin n'avons utilisé les stratégies qu'on vient de voir ensemble...

Alors si tu es stratégique, je suis convaincu que tu peux atteindre 10 000 visiteurs par mois en moins de 30 articles.

En espérant que tu ne tomberas pas dans le même piège que moi!

ON NE MONÉTISE JAMAIS UN BLOGUE, ON MONÉTISE UNE AUDIENCE.

CHAPITRE 7
Les différentes façons de générer de l'argent avec un blogue.

Si tu es pour investir des heures à entretenir un blogue, c'est normal de s'attendre à recevoir un chèque de paye quelque part en bout de ligne. Malheureusement, si on ne fait rien pour *monétiser* son site, ce chèque ne risque pas d'arriver de sitôt.

Dans le dernier chapitre, on a vu comment générer du trafic. Malheureusement pour nous, le trafic n'est qu'une seule partie de l'équation. Pour faire de l'argent, il faut encore faire une étape de plus.

Bien sûr, aucun blogue ne se monétise exactement de la même manière. Chaque audience est différente et chaque sujet a ses particularités.

Ceci étant dit, il existe 4 grandes familles de « façons de faire » pour monétiser : il y a la publicité, l'affiliation, la vente de produits et la vente de services.

La plupart des gens croient que pour monétiser, il ne suffit que de placarder son site d'annonces. En plus, c'est super facile! On ouvre un compte gratuit sur AdSense, et moins de 30 minutes plus tard, on commence à collecter des revenus.

Eh bien ce n'est pas pour péter ta bulle, mais ça va te prendre du trafic en *chien* pour être capable de vivre avec ça.

Dis-toi qu'avec des régies publicitaires (comme AdSense), le RPM (revenu par mille pages vues) est d'environ 5 $. Donc, pour être en mesure de remplacer un revenu de 50 000 $ par an, ça va te prendre... 10 millions de pages vues! (833K par mois)

Ne désespère pas, tu n'as pas besoin d'avoir autant de visiteurs pour être en mesure de faire beaucoup d'argent. En fait, c'est très possible de générer 50 000 $ par an avec 10 000 visiteurs mensuels et je vais t'expliquer comment!

TOUT DÉBUTE AVEC L'AUDIENCE...

En fait, dire qu'on monétise un blogue est un peu con. On ne monétise jamais un blogue, on monétise une audience. Et plus spécifiquement, **le lien de confiance** entre le blogue et l'audience.

En lisant ça, tu t'es sans doute mis sur la défensive. « Wow… Faire de l'argent avec la confiance des gens… *Really?!* C'est pas un peu *evil?* »

Pas nécessairement. En fait, toutes les entreprises le font, d'où l'importance d'une bonne marque. En soi, un logo ou un nom d'entreprise, ça ne vaut strictement rien. Ce qui vaut quelque chose, c'est la signification que le nom ou le logo évoque dans l'esprit des gens.

Lorsque le lien de confiance est fort, le consommateur est prêt à payer un premium pour se procurer le produit ou service. L'inverse est vrai. Lorsque le lien de confiance est faible, le consommateur devient hyper sensible au prix et il va courir les aubaines.

C'est pour ça que les bannières publicitaires ne sont pas très payantes. Puisqu'il n'y a aucun endossement personnel, le visiteur n'a aucunement confiance aux annonces qu'il voit. Il les prend simplement pour ce qu'ils sont : une tentative désespérée de générer quelques sous.

Ceci étant dit, il ne faut pas croire que le lien de confiance est quelque chose d'universel. Ce n'est pas parce que je fais confiance à mon dentiste que je vais écouter ses recommandations quand vient le temps de m'acheter une maison.

Le sujet traité sur ton blogue est donc super important. Un blogue qui parle de célébrités va être difficile à monétiser parce que les gens ne baseront pas leurs décisions d'achat sur tes recommandations. Au contraire, un blogue qui parle de santé et de nutrition va être très facile à monétiser parce que les gens accordent beaucoup d'importance au poids des experts quand vient le temps de s'occuper de leur santé.

Plus ton sujet est important pour les gens, plus c'est facile de monétiser ton blogue et moins tu as besoin de trafic pour atteindre to 50K $ par an.

Ton objectif principal doit donc être d'établir un lien de confiance fort dans un domaine important pour les gens. Ensuite, tu vas devoir utiliser ce lien de confiance comme levier pour générer des revenus.

Alright, c'est assez simple sur papier. Par contre, tout ça nous laisse encore avec une question... Comment générer des revenus?

COMMENT MONÉTISER UNE AUDIENCE?

Tu sais maintenant qu'il existe 4 façons de monétiser : la publicité, l'affiliation, la vente de produits et la vente de services.

On s'est déjà débarrassé de la publicité, il nous reste les 3 autres.

L'AFFILIATION

Lorsque je parle d'affiliation, je parle de recommander un produit ou un service en échange d'une commission sur les ventes. Ces recommandations peuvent prendre la forme d'un hyperlien dans un article de blogue, d'une bannière sur ton site web ou encore d'un lien que tu publies sur les médias sociaux ou dans ton infolettre.

Le concept est très similaire à la publicité, sauf que dans ce cas, TU choisis quelles entreprises mettre de l'avant et comment les présenter à ton audience.

L'affiliation est plus rentable que la publicité parce qu'elle profite du lien de confiance que tu as avec ton audience.

Pour être capable de trouver un produit à affilier, tu n'as qu'à taper le nom du produit suivi de « affiliate » sur Google. 90 % des entreprises web possèdent ce genre de programme.

Une fois inscrit au programme d'affiliation, tu vas recevoir un lien spécial qui va installer un cookie sur l'ordinateur de tous ceux qui cliquent dessus. La durée du cookie change d'un programme à l'autre, mais habituellement il reste installé pour 30 jours. Si la personne achète pendant cette période, tu reçois une commission.

LA VENTE D'UN PRODUIT

La vente de produit peut autant référer à un produit digital (comme un cours en ligne, un *template*, un *plug-in* ou un *e-book*) qu'à un produit physique.

La plupart des gens n'ont pas de produits, alors si c'est ton cas ne t'inquiète pas, c'est relativement simple à créer.

Tu peux utiliser Gumroad[34] pour vendre un produit digital et SnipCart[35] pour ajouter un e-commerce à ton site web existant.

Je n'ai pas besoin de dire que la vente de produits numériques est une des meilleures façons de générer des revenus. En plus de n'avoir quasiment aucune logistique, les marges de profits sont très élevées et le processus se met facilement à l'échelle.

Le produit physique est un peu plus complexe, quoiqu'il existe des entreprises qui s'occupent de la distribution pour toi.

Ceci étant dit, peu importe le sujet de ton blogue, la vente de produit est, selon moi, la meilleure façon de monétiser.

Disons que tu as un blogue de *fitness*, tu peux vendre :

- Un programme d'entraînement vidéo.

---

[34] gumroad.com
[35] snipcart.com

- Un e-book qui explique la perte de poids ou la prise de masse.
- Des suppléments alimentaires.
- Des appareils d'entraînement légers comme des barres[36] ou des élastiques[37]. (Ce sont des liens d'affiliations en passant! Tu commences à voir comment t'en servir?)

Faire un produit physique semble complexe, mais je t'assure que c'est beaucoup moins d'effort que de faire un produit numérique! Tu n'as qu'à te rendre sur Alibaba[38] et trouver le produit que tu veux promouvoir. Tu peux même t'arranger avec le manufacturier pour y inscrire ton logo et personnaliser le *packaging*.

LA VENTE DE SERVICES

LA façon la plus simple et la plus facile de monétiser quoi que ce soit est d'offrir un service.

Bien sûr, certains services sont plus complexes (comme ceux d'un entrepreneur général) et d'autres sont ridiculement simples (comme ceux d'un consultant).

---

[36] olivierlambert.ca/a/pull-up-bar
[37] olivierlambert.ca/a/exercice-bands
[38] alibaba.com

C'est bien d'offrir des services en débutant puisque tu n'auras pas besoin d'avoir beaucoup de clients pour avoir une entreprise profitable. Tout dépendant de ce que tu offres, chaque client peut te rapporter plusieurs milliers de dollars en profit!

Et le plus beau là-dedans, c'est que tu n'as pas besoin de technologie particulière. La seule chose que ça te prend, c'est un moyen pour les gens d'entrer en contact avec toi!

Le seul problème est qu'il ne s'agit pas vraiment d'une source de revenus « passive », il te reste encore à travailler pour avoir ton argent. Ton blogue ne te sert qu'à générer des leads.

VENDRE AVEC UN BLOGUE.

Une fois que tu sais ce que tu veux vendre, il te reste à trouver une stratégie pour convertir ton trafic de la façon la plus optimale possible.

C'est là que **l'infolettre entre en jeux.**

On sait déjà que c'est la force du lien de confiance qui permet à un blogue de générer des revenus. L'infolettre, quant à elle, est un outil pour faire du marketing relationnel à l'échelle. C'est-à-dire que ça prend le même nombre d'efforts pour s'adresser personnellement à une personne qu'à 1000 ou 10 000 personnes.

Normalement, on utilise l'infolettre une fois par semaine ou une fois par mois pour annoncer la même chose à tout le monde.

Si tu veux t'établir en tant qu'expert dans ton domaine et générer des revenus, il faut faire les choses un peu différemment.

Au lieu d'envoyer des infolettres génériques de masse, tu vas créer une série de courriels personnalisés que les gens vont recevoir automatiquement lors de leur inscription.

De cette façon, tous tes abonnés ont droit au même contenu dans le même ordre et à la même intervalle. Ce qui est bien avec cette stratégie, c'est qu'elle te permet de bâtir une relation avec les gens.

Tu vas pouvoir créer des liens avec les infolettres précédentes et générer de l'anticipation avec les infolettres suivantes, donnant ainsi l'impression d'un dialogue.

Et pour générer encore plus d'engagements, tu peux même demander aux gens de te répondre à la fin du courriel! (Attention avec ça! Ça risque de rapidement gruger ton temps.)

Finalement, cette stratégie apporte également l'avantage de ne pas avoir à s'occuper chaque semaine de ton infolettre! Si tu décides de rédiger tes courriels en *batch* et que tu en fais 25, ça veut dire que tous tes abonnés en ont pour 6 mois à recevoir du contenu chaque semaine!

Maintenant, la grosse question qu'on se pose est : qu'est-ce qu'on va dire pendant 25 courriels? Et comment c'est sensé me rapporter de l'argent?

L'idée derrière la série de courriels est d'aider la personne à s'accomplir dans son domaine. Ce n'est donc pas uniquement pour te promouvoir, mais bien pour offrir de la valeur gratuitement aux gens.

Je vais te donner un exemple... Imagine un instant que tu as un blogue de séduction pour homme :

Premier courriel : Tu te présentes, explique ce que tu fais, tu poses une question à ton abonné pour qu'il te dise ce qu'il aimerait savoir.

Deuxième courriel : Tu fais référence à l'importance du contact visuel, tu mentionnes deux ou trois livres sur Amazon (affiliation) et tu termines en parlant brièvement de tes services (si la personne veut aller plus loin).

Troisième courriel : Tu donnes deux ou trois trucs mode (dont une paire de pantalons trop géniale qui a changé ta vie. Encore là, un lien d'affiliation.) Tu termines par mentionner ton coaching.

Quatrième courriel : Tu fais une infolettre dédiée à expliquer ta consultation en ligne.

Etc...

L'objectif est d'offrir, à chaque courriel, une TONNE de valeur. Cette valeur n'a pas besoin nécessairement d'être en lien DIRECT avec ton produit. Le seul critère, c'est d'aider ton abonné d'une façon ou d'une autre (tout en te faisant un peu d'argent en même temps).

Si tu veux rester éthique (comme moi! :D), assure-toi de ne mentionner QUE des choses que tu recommanderais à ton meilleur ami. L'idée est de bâtir un lien de confiance, pas de le détruire...

Il ne faut pas présenter ça comme une série de « pitchs » de ventes, mais bien comme une série de conseils que tu offres gratuitement aux gens.

OÙ ALLER CHERCHER SES ABONNÉS?

Je sais que tu n'aimes pas ça, mais tu as besoin d'un pop-up sur ton site.

Sans pop-up, moins d'une personne sur 100 va s'abonner à ton blogue. Avec un pop-up, environ 5 personnes sur 100 vont s'abonner à ton blogue.

Donc, fais-moi plaisir et va t'abonner à OptinMonster[39], il s'agit de la plateforme que j'utilise sur mon blogue. Cette plateforme va te donner une foule d'outils pour proposer à tes visiteurs de s'abonner à ta liste Mailchimp[40]. Avec ça, tu vas pouvoir faire des *split-test*, des pop-ups de sortie (qui s'activent lorsque le visiteur veut quitter ton site) et des boîtes de captures moins intrusives comme des hello bar et des slide-in bar. Bref, va voir ça sur leur site! (tiens, deux autres liens d'affiliation!)

Ceci étant dit, ce n'est pas tout d'avoir un pop-up. Encore faut-il que ce pop-up propose quelque chose!

Je vais donc te partager une petite technique que j'ai découverte de façon innocente et qui me permet maintenant de faire un bon 500 $ de plus par mois.

Rédige un e-book (comme celui que tu es en train de lire) et offre-le gratuitement aux gens. Pour recevoir le livre, la personne doit laisser son adresse courriel. Sur la page de confirmation d'inscription, explique que les gens peuvent faire un don pour encourager ton travail et mets un lien vers Gumroad pour collecter les transactions.

Une journée plus tard, envoie le premier courriel de ta série de bienvenue. Dans ce courriel, explique à la personne que tu

---

[39] olivierlambert.ca/optinmonster
[40] olivierlambert.ca/mailchimp

pensais bien de lui redonner le lien de téléchargement du e-book. Ce courriel va être perçu comme une petite attention et sera très apprécié de tes abonnés (en plus d'augmenter les dons)!

Cette stratégie ne s'applique pas uniquement aux e-books, mais également à n'importe quelle sorte de cadeaux que tu peux te permettre d'offrir à ton audience.

Ce n'est pas tout! En proposant un e-book, le taux de conversion de tes boîtes de captures va être BEAUCOUP plus élevé. C'est *vraiment* important, parce qu'une petite différence dans le pourcentage de gens qui s'abonnent à ton infolettre peut représenter des milliers d'adresses (et des milliers de dollars) à long terme.

ALORS... C'EST QUAND QU'ON DEVIENT RICHE?

Devenir riche avec un blogue n'est pas une tâche facile, mais c'est quelque chose qui se fait. Je dis souvent aux gens que s'ils veulent faire de l'argent facilement, ils sont mieux d'aller porter leur CV.

Cependant, monétiser une audience peut mener à beaucoup plus de richesses qu'une *job* de fin de semaine au McDonald's.

Pat Flynn fait régulièrement plus de 100 000 $ par mois avec son blogue. Cependant, il a dû travailler comme un esclave pendant des années et construire une entreprise autour de sa marque.

Ce chapitre t'a peut-être laissé sur ta faim et c'est parfaitement intentionnel. En fait, j'ai rédigé un e-book complet uniquement sur ce sujet. Je suis convaincu qu'il va satisfaire tes attentes puisque j'y explique exactement tout ce qu'il faut faire pour générer 1 000 $ par mois avec chacune des 4 méthodes que j'ai mentionnées dans ce chapitre.

Va sur le lien[41] en pied de page pour le télécharger gratuitement!

Ceci étant dit, si tu ne télécharges pas le guide, rappelle-toi de ceci. Ton objectif principal **doit** être d'établir un lien de confiance avec ton audience. Et pour faire ça, l'infolettre n'est pas optionnelle.

« Ne pas avoir capturé l'adresse des gens plus tôt » est le principal regret de tous les grands blogueurs. Sauve-toi peine et misère et commence ce processus dès maintenant.

---

[41] olivierlambert.ca/ebook-monetisation

AIT CONFIANCE AU PROCESSUS

TRAVAILLE FORT ET SOIS PATIENT

Jamais rien d'important ne s'est construit en une journée.

CONCLUSION
Par où commencer?

Si tu te rappelles, la prémisse de ce livre était de te montrer comment maitriser le pouvoir du blogue pour t'aider à établir ta notoriété et générer des revenus ou des opportunités.

J'ai débuté par t'expliquer que la valeur générée par un article de blogue est une métrique très subjective qui dépend beaucoup de l'expérience émotionnelle que tu fais vivre à tes lecteurs. Plus tu « excites » tes lecteurs en les surprenant ou en les faisant rire par exemple, plus tu ajoutes de la valeur. Un texte très fade en informations peut tout de même apporter beaucoup de valeur s'il est divertissant. Par contre, même la meilleure information du monde ne pourra sauver un texte ennuyeux.

On s'est ensuite intéressé aux différentes raisons qui vont faire de toi un expert dans ton milieu. Contrairement à ce qu'on peut penser, le monde n'est pas là pour nous mettre des bâtons dans les roues. À part quelques jaloux, la grande majorité des gens **veulent** te voir progresser. Presque tout le monde avec qui tu vas faire affaire va avoir un **intérêt personnel** à te mettre sur un piédestal.

Les trois chapitres suivant ont exploré 4 barrières que la majorité des gens rencontrent : le manque de temps, la peur de manquer d'idées, de l'indifférence et de perdre de la face.

On a débuté par s'intéresser aux deux grandes techniques de productivité : le *batching* et la routine. Puis, on s'est trempé les pieds dans la recherche de mots clefs ainsi qu'à la distribution de questionnaires pour générer de bonnes idées de blogue. Puis, je t'ai expliqué la méthode P.A.S. (*Problem, Agitate, Solution*) pour capter l'attention des gens et j'ai terminé par quelques trucs pour argumenter.

Comme tu le sais maintenant, les gens ne te contredisent pas parce que tu as tort, ils te contredisent parce que tu n'es pas assez convaincant! J'espère que ces trucs vont suffire pour tenir les trolls loin de ton site. Et si jamais un de ces trolls trouve son chemin vers ton site, dis-toi que tu as le pouvoir de vie ou de mort sur tous les commentaires de ton blogue et de ta page Facebook!

Puisqu'un très bon site sans aucun trafic ne vaut pas grand-chose, on a ensuite fait un saut dans l'acquisition de trafic! Je t'ai donné une stratégie qui va te permettre de générer tes premiers 10 000 visiteurs par mois en 50 articles (ou moins).

J'ai terminé le bal en t'expliquant quoi faire avec ce trafic pour être en mesure de générer des revenus.

Voilà! Tu sais maintenant tout ce que tu dois savoir et la seule chose productive qu'il te reste à faire est de passer à l'action.

VOICI CE QU'IL FAUT FAIRE

Le succès n'est pas difficile, il faut simplement se donner la peine! C'est pourquoi je vais te donner une liste de choses à faire et ton objectif sera de passer à travers cette liste le plus rapidement possible.

Dans cette liste, je vais te mentionner des plateformes à utiliser et des stratégies à adopter. Je ne vais pas nécessairement t'expliquer pourquoi il faut utiliser une plateforme plutôt qu'une autre, j'aimerais simplement que tu fasses confiance au fait que j'ai pu tester **beaucoup** de plateformes au fil du temps et que je sais ce qui est le mieux pour débuter. Alors, écoute-moi et mets-toi en dehors de ton propre chemin.

ÉTAPE 1 – FAIRE SON SITE WEB

Pour créer ton site web, il faudra que tu débutes par choisir un hébergeur web et installer un système de gestion de contenu.

Pour rendre les choses le plus simple possible, je te recommande d'utiliser BlueHost[42] et Wordpress.

Une fois que ce sera fait, tu devras choisir un thème pour ton site web. Je recommande fortement Divi[43] pour sa simplicité.

Ne passe pas trop de temps à créer un site élaboré. Fais le strict minimum côté design. Ça va te gêner d'envoyer les gens sur ton blogue, mais rassure-toi, c'est beaucoup moins important aux yeux des gens que tu penses.

Bien sûr, pour faire tout ça il va te falloir un nom de domaine. Je t'invite à utiliser cet outil[44] pour vérifier les disponibilités de ton nom de domaine ainsi que toutes les plateformes de médias sociaux en même temps!

Pour être capable de faire tout ce que je viens de dire, tu peux consulter une vidéo que j'ai faite pour la formation que je donne en ligne sur la création d'un blogue. Pour promouvoir cette

---

[42] olivierlambert.ca/bluehost
[43] olivierlambert.ca/elegantthemes
[44] namecheckr.com

formation, j'ai donné quelques leçons gratuites! Tu peux donc aller la voir en allant sur le lien de bas de page[45].

ÉTAPE 2 – FAIRE SES COMPTES SUR LES MÉDIAS SOCIAUX

Une fois que tu as ton nom de domaine ainsi que ton site web, c'est le temps d'ouvrir le plus de comptes possible sur les médias sociaux!

Fais-toi une page Google+, un *channel* YouTube, un compte Twitter, une page Facebook, un compte Instagram, un compte Pinterest... *You name it, you do it!*

L'idée derrière ça est de **1)** réserver le nom au cas où tu décides d'utiliser la plateforme et de **2)** profiter des liens gratuits en direction de ton site web (pour aider le référencement de ton site).

ÉTAPE 3 – SE FAIRE UNE LISTE DE COURRIEL

Ensuite, va t'inscrire sur Mailchimp[46] pour te créer une liste d'abonnés. Tu auras besoin d'un logiciel pour ajouter des boîtes

---

[45] olivierlambert.ca/formation/content-marketing
[46] olivierlambert.ca/mailchimp

de captures et des pop-ups sur ton site. Pour ça, je te recommande d'utiliser OptinMonster[47].

ÉTAPE 4 – FAIRE SON PREMIER E-BOOK

Une fois que ton site est en ligne, que tu es inscrit sur la plupart des gros médias sociaux, que tu as fait ton compte Mailchimp et que tu as un compte OptinMonster, c'est le temps de mettre en place ce qu'on a vu au chapitre 4.

Va sur Google Forms[48] et compose un court questionnaire que tu vas envoyer sur ton compte Facebook personnel et sur les groupes en lien avec ton sujet.

Ensuite, utilise les techniques de recherche de mots clés que je t'ai enseignées pour faire une liste des questions les plus populaires de ta niche.

Finalement, mélange les données du sondage à ta liste de questions pour créer la table des matières de ton premier e-book! Pour avoir un e-book similaire à celui-ci, tu vas avoir besoin de 20 000 mots, ce qui représente environ 12 chapitres de 1 500 mots avec une intro et une conclusion.

Ce e-book est très important, car il va s'agir de ta toute première source de revenus et va t'aider à collecter beaucoup d'abonnés

---

[47] olivierlambert.ca/optinmonster
[48] forms.google.com

dans un temps record. Il va également te permettre de faire une pierre deux coups, car tu vas te servir du contenu de ce e-book pour alimenter ton blogue.

L'idée est de publier un article par semaine et d'annoncer au début et à la fin que tu es en train de rédiger un livre sur le sujet et qu'ils peuvent s'inscrire sur une liste d'attente pour le recevoir.

À chaque fois que tu publies un article, fais-en la promotion comme jamais. Crée une infolettre et partage-la sur ta page Facebook, dans des groupes Facebook, sur LinkedIn, dans les groupes LinkedIn, dans les communautés Google+, sur des forums…

C'est important parce qu'au début, ton blogue va avoir besoin d'une bonne poussée pour créer son *momentum*.

Une fois que tes 12 articles auront été publiés, wrap tous tes articles ensemble dans un PDF et vend le à ta liste et sur ton site par l'intermédiaire de Gumroad[49].

Puisque c'est un e-book principalement composé d'articles déjà gratuits sur le web, je te recommande de le mettre en « pay what you want », c'est-à-dire que la personne peut te donner 0 $

---

[49] gumroad.com

autant qu'elle peut te donner 50 $. Je t'assure que tu seras surpris par la générosité des gens!

Finalement, utilise Zapier[50] pour synchroniser Mailchimp et Gumroad. De cette façon, si quelqu'un achète ton livre sans être abonné à ton infolettre, il va automatiquement être ajouté à ta liste.

ÉTAPE 5 – LA CRÉATION D'UNE LANDING PAGE

Une fois rendu à cette étape, tu auras besoin de créer une page de capture que tu pourras partager sur les médias sociaux et sur d'autres sites web pour distribuer ton e-book.

Cette étape est optionnelle, mais hautement recommandée. Une page dédiée va te permettre de convertir jusqu'à 50 % de tes visiteurs, contrairement à moins de 5 % sur les pages régulières de ton site web.

Voici un exemple[51] de ce genre de page (40 % de taux de conversion). J'ai utilisé LeadPages[52] pour créer cette page spécifique et c'est également la plateforme que j'utilise pour créer toutes mes pages de captures.

---

[50] zapier.com
[51] olivierlambert.ca/page/ebook-facebook.html
[52] olivierlambert.ca/leadpages

De cette façon, tu auras une page de référence facile à partager pour collecter des adresses courriel. Si tu veux, tu peux également investir en publicité Facebook[53]. Ce genre de campagne va te permettre de collecter des adresses courriel pour aussi peu que 0.50 $.

ÉTAPE 6 – RÉTENTION ET NOTORIÉTÉ

Une fois que ton e-book est fait, que tu as un blogue bien optimisé pour capturer les adresses en lien avec ce e-book et que tu possèdes une page de capture pour promouvoir le e-book à l'extérieur de ton site web, c'est maintenant le temps de prévoir une série de courriels en lien avec le sujet de ton livre.

Comme on a vu dans le chapitre sur la monétisation, tu peux en profiter pour proposer des *deals* d'affiliation, des offres de services ou encore de vendre d'autres produits!

ÉTAPE 7 – ON RECOMMENCE!

Félicitations! Tu as accompli plus que 90 % des blogues et tu as maintenant une base solide que tu peux continuer de faire grossir. À cette étape, tu peux en profiter pour peaufiner un peu ton site web et discuter avec les lecteurs de ton blogue de leurs impressions sur ton contenu.

---

[53] olivierlambert.ca/formation/facebook-marketing

Ensuite, c'est le temps de recommencer et d'appliquer une deuxième couche à ton blogue! Tu retournes à l'étape 4 pour créer un deuxième e-book et prévoir une autre *batch* de 12 articles.

Fais ça assez longtemps et ton site va vite devenir une référence dans ton milieu. Le mot « longtemps » est assez important parce qu'il ne faut pas s'attendre à avoir des résultats ahurissants dès le départ (à moins d'investir en publicité).

Lorsque tu démarres un nouveau site, ça peut prendre six mois avant que Google commence à t'envoyer du trafic. Alors, aie confiance au processus, travaille fort et sois patient. Jamais rien d'important ne s'est construit en une journée. La seule façon de construire un mur de briques est d'arrêter de procrastiner et de placer les maudites briques. Ça n'a pas besoin d'avoir du sens dès le départ. Persévère, et un jour tu auras la surprise de te réveiller en réalisant que les gens te considèrent comme un expert et un influenceur.

Donc, ce n'est que lorsque tu auras passé à travers ce cycle quelques fois que tu pourras faire le point et évaluer ta stratégie.

POUR ALLER PLUS LOIN...

Les étapes que je viens d'énumérer comprennent plusieurs opérations légèrement techniques. Si tu aimerais te faire encadrer dans la réalisation de ton blogue, je te propose d'aller jeter un coup d'œil à ma formation sur la création d'un blogue et sur le marketing de contenu[54].

Cette formation va surtout éclaircir le côté un peu plus technique de la création d'un blogue (comme le référencement et la création d'un site web). Puisqu'il s'agit d'une formation vidéo, cette dernière va te fournir des instructions étape par étape et simples à suivre.

Cette formation est différente des autres…

Pour te montrer que mes trucs fonctionnent, j'ai profité de cette formation pour créer un nouveau blogue en partant de zéro. De cette façon, je peux te donner un accès aux premières loges de la création d'un blogue profitable. Si tu t'inscris, je vais te donner accès à l'ensemble des statistiques, qu'il s'agisse de la fréquentation, des dépenses, des revenus… Tu vas TOUT savoir!

Bref, je te laisse aller voir la page de ma formation : https://www.olivierlambert.ca/formation/content-marketing

Comme tu as remarqué, ce n'est pas un e-book comme les autres, alors je t'invite à me faire part de tes questions ou commentaires par courriel au hello@olivierlambert.ca.

---

[54] olivierlambert.ca/formation/content-marketing

www.ingramcontent.com/pod-product-compliance
Lightning Source LLC
Chambersburg PA
CBHW061440180526
45170CB00004B/1495